에코크래프트 가방 만들기 Lesson

후루키 아케미(古木明美)

M&K

Contents

Lesson 1
2줄 매듭으로 만들기

01
기본 가방　2줄 매듭
Photo p.8
How to make p.22

08
체크 가방
Photo p.16
How to make p.43

02
미니백
Photo p.9
How to make p.28

09
사선 체크 가방
Photo p.17
How to make p.46

03
미니 바구니
Photo p.10
How to make p.30

10
마르셰백
Photo p.18
How to make p.51

04
트레이
Photo p.11
How to make p.32

11
그물 바구니 가방
Photo p.19
How to make p.55

05
토트백
Photo p.12
How to make p.35

12
벨트 가방
Photo p.20
How to make p.58

06
레이스 꽃무늬 가방
Photo p.14
How to make p.39

13
패치워크 가방
Photo p.21
How to make p.60

07
레이스 꽃무늬 가방・A4 크기
Photo p.15
How to make p.39, 42

Lesson 2
3줄 매듭으로 만들기

14
기본 가방　3줄 매듭
Photo p.66
How to make p.73

15
플랩 가방
Photo p.67
How to make p.78

16
꽃매듭 가방
Photo p.68
How to make p.80

17
꽃매듭 가방・응용
Photo p.69
How to make p.82

18
사과 바구니
Photo p.70
How to make p.84

19
배 모양 바구니
Photo p.71
How to make p.86

20
꽃매듭 그물 가방
Photo p.72
How to make p.89

Lesson 3
4줄 매듭으로 만들기

21
기본 가방　4줄 매듭
Photo p.94
How to make p.98

22
8겹 매듭 가방・L사이즈
Photo p.95
How to make p.103

23
8겹 매듭 그물 가방
Photo p.96
How to make p.106

24
8겹 매듭 그물 가방・응용
Photo p.97
How to make p.110

재료와 도구　p.4
매듭 엮기 기법 3가지　p.5
이 책의 사용법　p.6
ADVANCE LESSON
바닥의 패턴별 끈 조절　p.27

(재료) 와 (도구)

(에코크래프트)
종이를 가늘게 꼬아 만든 끈 12가닥을 붙인 종이 테이프입니다. 바구니나 가방을 만들 때 주로 사용합니다.

에코크래프트 스탠더드

일반적으로 유통되는 에코크래프트로 두께는 약 1.1mm이다.

에코크래프트 라이트

스탠더드보다 얇은 에코크래프트로 두께는 약 0.8mm이다.

※에코크래프트의 종류에 따라 두께가 다를 수 있으니 사용하는 에코크래프트의 두께를 꼭 확인해 주세요.

▼에코크래프트 준비하기

자국 없애기	가르기	정리하기

끈을 감은 자국이 심할 경우 작업하기 전에 자국을 없애면 좋다.

12가닥보다 좁은 폭(1가닥~11가닥)으로 사용할 경우 끈 사이에 가위로 칼집을 넣고 PP 밴드를 이용해 에코크래프트를 앞쪽으로 잡아당기며 가른다.

필요한 길이와 폭으로 자르고 난 후 번호 순서대로 묶어 놓으면 작업하기 편하다.

(도구) 주로 사용하는 도구를 소개합니다.

가위 — 에코크래프트를 자르는데 사용한다. 문구용은 잘 잘리지 않으므로 크래프트용을 추천한다.

PP 밴드 — 에코크래프트를 가를 때 사용한다. 쉽게 소모되므로 여러 장을 준비한다. 철사 등으로도 대체할 수 있다.

자, 줄자 — 에코크래프트의 치수를 잴 때 사용한다. 긴 치수에는 줄자가 편리하다.

빨래집게 — 에코크래프트가 뜨지 않게 눌러주거나 접착할 때 임시 고정용으로 사용한다. 10~20개 정도 준비하면 편리하다.

접착제 — 에코크래프트를 겹쳐 붙일 때 사용한다. 공작용 접착제를 추천한다.

송곳, 드라이버

에코크래프트를 꽂아 넣거나 매듭을 넓힐 때 사용한다.

매듭에 드라이버를 꽂아 넣어서 에코크래프트를 끼우는 틈을 벌린다. 에코크래프트 두 겹이 지나는 부분은 특히 필요하다.

펜치

에코크래프트를 잡아당길 때 사용한다. 잡는 부분이 가늘면 매듭에 펜치 끝이 들어가서 편리하다.

에코크래프트를 안쪽에 끼워서 처리하는 모습. 에코크래프트를 잡아당길 때 펜치가 있으면 작업하기 편하다.

매듭 엮기 기법 3가지

1
2줄 매듭

에코크래프트 2줄을 사용해 바둑판무늬로 묶는 기법. 바둑무늬, 격자무늬라고도 한다. 이 책에서는 주로 묶기 쉽고 가볍게 완성되는 라이트로 제작하며 강도가 필요한 트레이 등은 스탠더드로 제작했다. 묶는 방법은 p.22 참고.

2
3줄 매듭

2줄 매듭에 1줄을 더해서 3줄을 사용해 꽃무늬로 묶는 기법. 꽃매듭이라고도 한다. 이 책에서는 묶기 쉽고 가볍게 완성되는 라이트로 제작한다. 묶는 방법은 p.73 참고.

3
4줄 매듭

3줄 매듭에 1줄을 더해서 4줄을 사용해 겹꽃무늬로 묶는 기법. 이 책에서는 매듭의 꽃이 볼록하게 완성되는 스탠더드로 제작했다. 묶는 방법은 p.98 참고.

■에코크래프트의 두께 차이와 재료의 조절

스탠더드 / 라이트

276g / 208g

기본 가방(p.8)을 왼쪽은 스탠더드, 오른쪽은 라이트를 사용해 제작한 것이다. 스탠더드로 만든 가방이 두께가 있기 때문에 게이지가 커지기 쉬워서 완성 치수가 커진다.

▶매듭 치수표(라이트의 경우)

			(1코) (cm)
2줄매듭	3가닥	크기	1
		길이	3.2
	4가닥	크기	1.3
		길이	4
	6가닥	크기	1.8
		길이	5.2
	8가닥	크기	2.4
		길이	6.7
3줄매듭	2가닥	크기	1.2
		길이	3.7
	4가닥	크기	1.8
		길이	5.7
	6가닥	크기	2.5
		길이	7.4

에코크래프트 라이트 이외로 만들 경우의 조절

라이트로 제작하는 작품을 스탠더드로 만들 경우, 재료에 실려 있는 치수가 부족해질 수 있습니다. 적절한 치수를 계산하려면 작품과 같은 에코크래프트의 폭으로 게이지를 만든 후 에코크래프트를 풀어서 길이를 재고 이 책에서 소개하는 치수와의 차이를 확인해서 다시 계산하세요.

3코×3코로 묶는다. 다 묶고 나면 코의 가장자리에서 에코크래프트를 잘라낸다.

에코크래프트를 풀어서 길이를 잰다. 여기에서 a 에코크래프트, b 에코크래프트는 각각 16.2㎝. 1코 분량이 약 5.4㎝.

위의 표를 확인하면 '2줄 매듭의 6가닥'은 길이가 5.2㎝로 계산했으므로 조금 크다(치수를 추가해야 함)는 사실을 알 수 있다.

【보정 계산법】
작성한 게이지 1코 분량의 길이(5.4)÷치수표의 치수(5.2)=1.04
책에 표시된 길이×1.04=에코크래프트의 치수

(이 책의 사용법)

▎완성 치수
실려 있는 치수는 기준입니다. 손으로 묶는 힘의 차이나 사용하는 에코크래프트의 종류, 색에 따라 치수가 달라질 수 있습니다.

▎재단 도안
에코크래프트를 재단하는 방법의 예시입니다. 효율적으로 재단하는 방법을 확인한 후 자르도록 하세요. 알기 쉽게 도안으로 만들었기 때문에 폭과 길이의 비율이 실제 에코크래프트와는 다릅니다. 기본적으로는 30m롤로 나타냈습니다. 필요한 총 치수를 도안에 실었으므로 에코크래프트의 종류에 따라 5m롤, 10m롤 등으로 조합해 보세요.

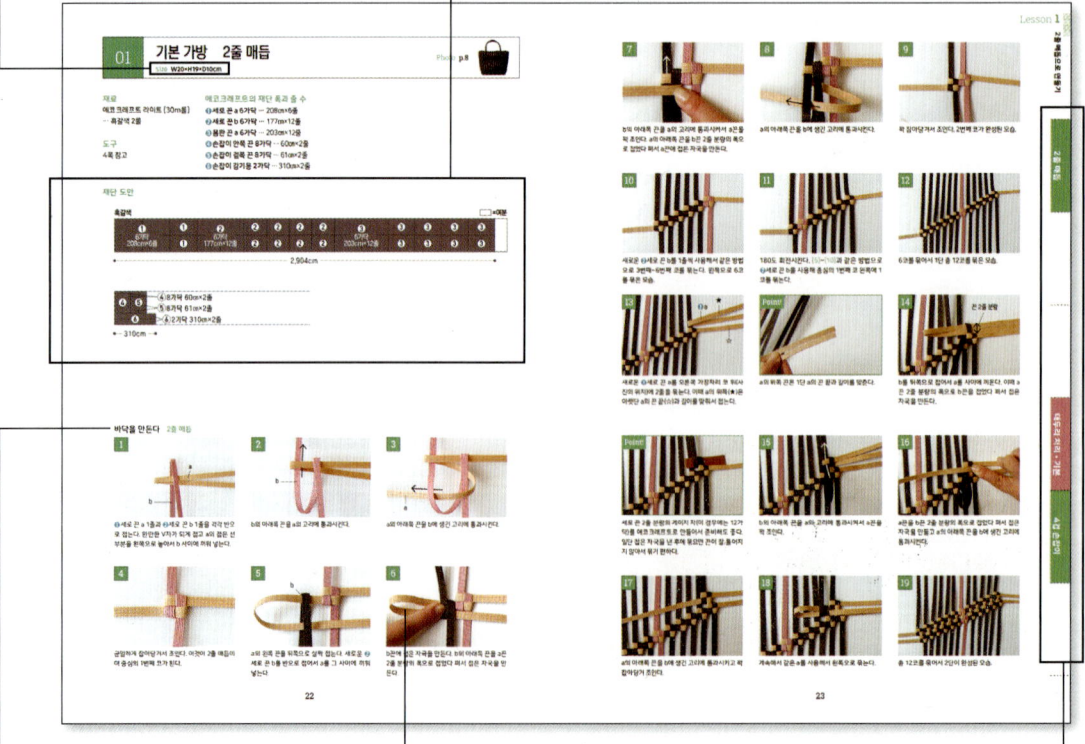

▎기법 설명
기법에 대하여 자세히 설명합니다. 기법을 설명하는 사진은 작업 과정 번호가 녹색 또는 분홍색으로 표시되어 있습니다.

▎설명 사진
설명 사진은 쉽게 이해할 수 있게 실제 작품의 색과는 다른 색의 에코크래프트를 사용하기도 했습니다. 실제로 사용하는 색은 '에코크래프트의 재단 폭과 줄 수'에서 확인하세요.

▎기법 인덱스
이 책에서 설명하는 주요 기법입니다. 매듭 엮기 기법이나 테두리 처리, 손잡이의 카테고리가 있으며 작품에 사용한 기법을 실었습니다. 인덱스의 색이 진해진 기법은 그 작품에서 자세하게 설명하는 것을 나타냅니다.

Lesson 1

2줄 매듭으로 만들기

에코크래프트 2줄을 사용해서
바둑판무늬로 묶는 기법입니다.
매듭 엮기의 기본이 되는 기법이므로
초급자는 2줄 매듭부터 터득하세요.
Lesson1에서는 손잡이를 만드는 방법이나
테두리 처리와 같은 기초적인 기법을 자세히 설명합니다.

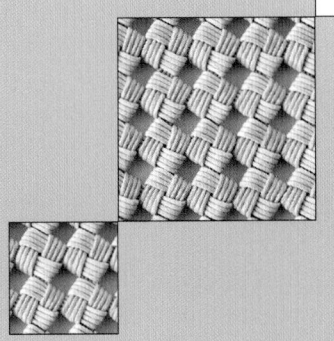

| 01 | 기본 가방　2줄 매듭 | How to make p.22 |

가까운 곳으로 외출할 때 사용하기 편한 가방입니다.
이 가방으로 매듭 엮기의 기본을 설명하므로
처음 만들어 보는 분은 이 작품부터 도전해 보세요.

| 02 | **미니백** | How to make p.28 |

기본 가방과 만드는 방법이 같은
에코크래프트 4가닥으로 만든 작품이에요.
가볍게 들기 좋은 미니 사이즈입니다.

| 03 | 미니 바구니 | How to make p.30 |

바둑판무늬의 두툼한 테두리가 인상적입니다.
치수가 같다면 겹쳐서 쌓아 올려도 좋아요.
모양이 변형되지 않는 튼튼한 구조가 매력적이에요.

| 04 | 트레이 | How to make p.32 |

튼튼하게 완성되는 매듭 엮기는 트레이를 만들 때도 추천합니다.
서류용이나 치즈 트레이 등 다양하게 사용할 수 있어요.
들고 다니기 편하도록 양쪽 손잡이를 달아서 더욱 실용적입니다.

05 | 토트백　　　How to make p.35

캔버스 원단의 토트백을 모티프로 한 인기 디자인.
손잡이를 어깨에 멜 수 있어 편리합니다.
여기에서는 '색 바꾸기' 기법을 터득하세요.

| 06 | 레이스 꽃무늬 가방 | How to make p.39 |

사랑스러운 꽃무늬를 '줄임코' 기법으로 만듭니다.
소녀의 마음을 자극하는 여성스러운 가방이에요.

| 07 | 레이스 꽃무늬 가방・A4 크기 | How to make p.39, 42 |

A4 크기의 잡지나 서류를 넣을 수 있는 가방입니다.
가방 옆면의 폭이 좁아 어깨에 걸쳐도
깔끔하고 단정해 보입니다.

| 08 | **체크 가방** | How to make p.43 |

체크무늬는 언뜻 보기에 복잡할 것 같지만
01의 기본 가방과 만드는 방법은 똑같습니다.
좋아하는 색의 조합을 적용해 보는 것도 재미있을 거예요.
4줄 땋기로 만든 유연한 손잡이가 여성스러워 보여요.

| 09 | 사선 체크 가방 | How to make p.46 |

아가일풍의 사선 체크 가방이에요.
'변형 몸판 올리기' 기법은 바닥면을 묶은
에코크래프트만으로 몸판도 만드는 점이 묘미입니다.
크기가 큼직해서 중·상급자에게 추천합니다.

| 10 | **마르셰백** | How to make p.51 |

바닥에 둥근 느낌을 준 배 모양은
모서리에 에코크래프트를 더하는 '늘림코' 기법으로 만듭니다.
독특한 타원형 손잡이가 아름다운 가방이에요.

| 11 | 그물 바구니 가방 | How to make p.55 |

비침 효과가 있는 가벼운 바구니.
'인터벌' 기법을 사용해 일정한 간격으로 틈새를 벌려서 묶습니다.
움직이는 손잡이도 포인트예요.

| 12 | **벨트 가방** | How to make p.58 |

벨트로 묶는 우아한 가방입니다.
가죽 테이프는 물론 리본이나 금속 부자재가 달린
벨트 등을 끼워서 여러 가지 스타일로 만들 수 있어요.
벨트 고리 외에는 01의 기본 가방과 만드는 방법이 같아
초급자에게도 추천합니다.

| 13 | **패치워크 가방** | How to make p.60 |

5코×5코의 조각을 연결해서 만들기 때문에
패치워크라고 이름을 붙였습니다.
분위기를 환하게 만드는 미니백이에요.

01 기본 가방　2줄 매듭

Size W20×H19×D10cm

Photo p.8

재료
에코크래프트 라이트 [30m롤]
… 흑갈색 2롤

도구
4쪽 참고

에코크래프트의 재단 폭과 줄 수
① 세로 끈 a 6가닥 … 208㎝×6줄
② 세로 끈 b 6가닥 … 177㎝×12줄
③ 몸판 끈 a 6가닥 … 203㎝×12줄
④ 손잡이 안쪽 끈 8가닥 … 60㎝×2줄
⑤ 손잡이 겉쪽 끈 8가닥 … 61㎝×2줄
⑥ 손잡이 감기용 2가닥 … 310㎝×2줄

재단 도안

흑갈색　　□=여분

| ① 6가닥 208cm×6줄 | ① | ② 6가닥 177cm×12줄 | ② | ② | ② | ② | ③ 6가닥 203cm×12줄 | ③ | ③ | ③ | ③ |

—— 2,904cm ——

- ④ 8가닥 60cm×2줄
- ⑤ 8가닥 61cm×2줄
- ⑥ 2가닥 310cm×2줄

← 310cm →

바닥을 만든다　2줄 매듭

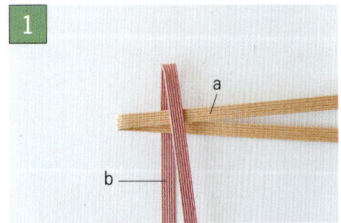

1
① 세로 끈 a 1줄과 ② 세로 끈 b 1줄을 각각 반으로 접는다. 완만한 V자가 되게 접고 a의 접은 선 부분을 왼쪽으로 놓아서 b 사이에 끼워 넣는다.

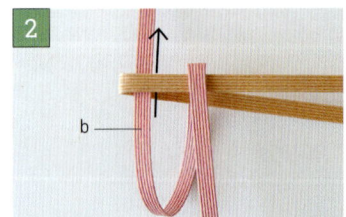

2
b의 아래쪽 끈을 a의 고리에 통과시킨다.

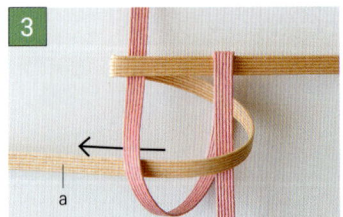

3
a의 아래쪽 끈을 b에 생긴 고리에 통과시킨다.

4
균일하게 잡아당겨서 조인다. 이것이 2줄 매듭이며 중심의 1번째 코가 된다.

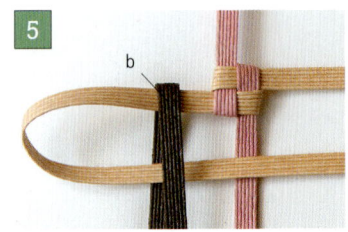

5
a의 왼쪽 끈을 뒤쪽으로 살짝 접는다. 새로운 ② 세로 끈 b를 반으로 접어서 a를 그 사이에 끼워 넣는다.

6
b끈에 접은 자국을 만든다. b의 아래쪽 끈을 a끈 2줄 분량의 폭으로 접었다 펴서 접은 자국을 만든다.

b의 아래쪽 끈을 a의 고리에 통과시켜서 a끈을 꽉 조인다. a의 아래쪽 끈을 b끈 2줄 분량의 폭으로 접었다 펴서 a끈에 접은 자국을 만든다.

a의 아래쪽 끈을 b에 생긴 고리에 통과시킨다.

꽉 잡아당겨서 조인다. 2번째 코가 완성된 모습.

새로운 ❷세로 끈 b를 1줄씩 사용해서 같은 방법으로 3~6번째 코를 묶는다. 왼쪽으로 6코를 묶은 모습.

180도 회전시킨다. [5]~[10]과 같은 방법으로 ❷세로 끈 b를 사용해 중심의 1번째 코 왼쪽에 1코를 묶는다.

6코를 묶어서 1단 총 12코를 묶은 모습.

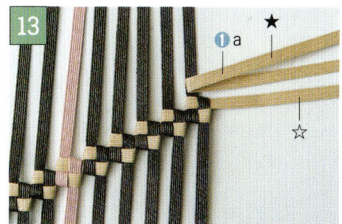

새로운 ❶세로 끈 a를 오른쪽 가장자리 코 위(사진의 위치)에 2줄을 묶는다. 이때 a의 위쪽(★)은 아랫단 a의 끈 끝(☆)과 길이를 맞춰서 접는다.

a의 위쪽 끈은 1단 a의 끈 끝과 길이를 맞춘다.

b를 뒤쪽으로 접어 a를 사이에 끼운다. 이때 a끈 2줄 분량의 폭으로 b끈을 접었다 펴서 접은 자국을 만든다.

세로 끈 2줄 분량의 게이지 자(이 경우에는 12가닥)를 에코크래프트로 만들어서 준비해도 좋다. 일단 접은 자국을 낸 후에 묶으면 끈이 잘 틀어지지 않아서 묶기 편하다.

b의 아래쪽 끈을 a의 고리에 통과시켜서 a끈을 꽉 조인다.

a끈을 b끈 2줄 분량의 폭으로 접었다 펴서 접은 자국을 만들고 a의 아래쪽 끈을 b에 생긴 고리에 통과시킨다.

a의 아래쪽 끈을 b에 생긴 고리에 통과시키고 꽉 잡아당겨 조인다.

계속해서 같은 a를 사용해서 왼쪽으로 묶는다.

총 12코를 묶어서 2단이 완성된 모습.

20 새로운 ❶세로 끈 a를 사용해서 [13]~[19]와 같은 방법으로 3단을 묶는다.

21 180도 회전시킨다. 새로운 ❶세로 끈 a 1줄로 3단 분량을 묶는다.

22 3단을 묶은 모습. 12코×6코(6단)의 바닥이 완성되었다.

몸판을 만든다

23 ❸몸판 끈 a를 사용해서 몸판(긴 쪽)의 중심부터 묶는다. a의 위쪽 끈이 4코 분량의 길이가 되는 위치에서 접는다.

24 바닥의 끈 끝을 b로 하고 ❸ a로 2줄 매듭을 만든다.

25 1코를 묶은 모습.

26 계속 묶어서 모서리까지 온 모습. 바닥면에서 첫 단(❸ a로 묶은 단)을 세우듯이 해서 다음 변을 묶는다.

Point! 모서리를 묶을 때는 게이지 자(여기에서는 2줄 폭=12가닥)를 사용해 접은 자국을 만들어야 묶기 편하다.

27 모서리의 틈새가 삼각형이 되며 몸판이 세워진다. 같은 방법으로 계속 묶는다.

28 시작 부분의 코까지 3코 남은 위치까지 묶은 모습.

29 여기부터는 시작 부분의 끈 끝도 함께 감싸서 묶는다. a를 접을 때 끈 끝을 고리 속에 넣어서(사진 왼쪽) 2줄 매듭을 만든다.

Lesson 1

30 계속해서 같은 방법으로 묶는다.

31 1단의 마지막 코를 묶는 모습. 이때 a를 다음 코(시작 부분의 코)에도 통과시킨다. 잘 들어가지 않을 때는 끈 끝을 비스듬히 자르면 좋다.

32 시작 부분의 코에 통과시키고 나면 안쪽 코에 통과시켜서 겉쪽으로 빼낸다. 시작 부분의 코를 조금 느슨하게 통과시키면 좋다.

Point! 안쪽에서 본 모습. a를 안쪽의 매듭 사이(b끈 아래)에 통과시킨 후 겉쪽으로 빼낸다.

33 다시 한번 시작 부분의 코와 다음 코에 통과시킨다.

34 여분을 잘라낸다.

35 새로운 ❸몸판 끈 a를 사용해서 [23]~[34]와 같은 방법으로 2단을 묶는다. 2단은 1단의 시작 부분과 반대쪽 변에서부터 묶는다.

36 새로운 ❸몸판 끈 a 1줄을 사용해서 10단을 묶는다. 총 12단을 묶은 모습.

테두리를 처리한다 테두리 처리 · 기본

37 남은 세로 끈을 전부 안쪽으로 접는다.

Point! 안쪽 코에 1코를 통과시킨다. 이때 세로 끈을 너무 잡아당기면 빠질 수 있으므로 빠지는 것을 예방하기 위해 끈 1가닥(재료 외)을 사이에 끼워 넣고 다 통과시킨 후에 끈을 빼면 좋다.

38 접은 자국을 정리해서 안쪽 코에 나머지 2코(총 3코 분량)를 통과시킨다.

39 안쪽 코에 세로 끈 3코를 통과시킨 모습.

40 세로 끈의 여분을 잘라낸다.

41 테두리 처리가 끝난 모습.

손잡이를 단다 4겹 손잡이

❹손잡이 안쪽 끈을 손잡이 부착 위치([52] 참고. 상단 아래, 가운데 8코를 사이에 둔 위치)에 바깥쪽에서 각각 통과시킨다. 한쪽 끈의 끝을 5㎝ 정도 안쪽으로 뺀다.

❹의 안쪽에서 끈 끝을 맞대어서 겹쳐 붙인다.

겹쳐 붙인 모습.

❺손잡이 겉쪽 끈을 ❹에 겹치듯이 같은 방법으로 통과시킨다. 이때 맞대는 위치(5㎝의 끈 끝)가 ❹와 반대가 되게 하고 여분이 있으면 잘라낸다.

겹쳐 붙인 모습. 4겹 손잡이가 완성되었다.

❻손잡이 감기용 끈을 살짝 반으로 접어서 손잡이의 중심에 겹치고 양쪽으로 반씩 감는다.

빈틈없이 둘러 감는다. 손잡이를 움직이게 만들 경우에는 바구니의 테두리 부분은 살짝 남겨 놓고 감는다.

다 감은 부분은 접착제를 발라서 손잡이 사이에 통과시킨다.

여분은 잘라낸다.

끈 끝은 감은 부분 안으로 밀어 넣는다. 드라이버와 같이 끝이 가는 도구를 사용하면 편리하다.

손잡이가 완성되었다. 다른 한쪽의 손잡이도 같은 방법으로 ❹❺를 사용해 4겹 손잡이를 만들고 ❻으로 감는다.

ADVANCE LESSON

바닥의 패턴별 끈 조절

바닥의 코가 홀수냐 짝수냐에 따라 중심코(1번째 코)의 위치가 달라집니다.
1번째 코의 끈 끝 길이를 조절하면 몸판에 사용하는 끈 끝의 길이가 똑같아집니다.
또한 이 책에 수록된 2줄 매듭의 만드는 방법은 조절하지 않아도(반으로 접어도) 충분한 치수입니다.
수를 늘리거나 줄여서 독창적인 치수를 만들 경우 등에 참고하세요.

▼홀수×홀수의 바닥

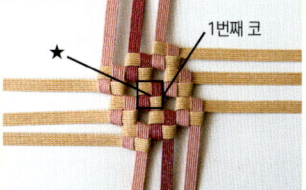

1번째 코의 a 오른쪽, b 아래쪽이 끈의 폭만큼 길어진다.

홀수 a 홀수 b 조절①

바닥의 중심은 ★의 위치가 된다. a끈과 b끈의 끈 중심(라인)을 ★의 위치에 어긋나게 놓는다. 1줄 폭 분량을 어긋나게 놓으면 끈 중심이 바닥 중심이 된다.

홀수 a 홀수 b 조절②

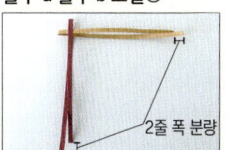

또는 미리 2줄 폭 분량을 어긋나게 놓아서 접은 후 묶는다.

※실선 화살표는 끈의 겉쪽에서의 이동, 점선 화살표는 안쪽에서의 이동을 나타낸다.

▼홀수×짝수의 바닥

위아래(b끈)에서 필요한 끈 끝의 길이가 다르기 때문에 b끈을 [끈 폭 4줄 분량]만큼 어긋나게 놓는다.

좌우 조절

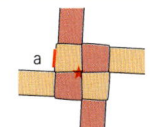

a끈의 조절은 홀수 a와 같다.

위아래 조절 짝수 b

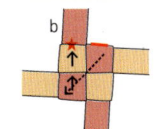

b끈의 끈 중심을 ★의 위치에 어긋나게 놓는다.

or

8줄 폭 분량

또는 끈 8줄 폭 분량을 어긋나게 놓고 접는다.

▼짝수×홀수의 바닥

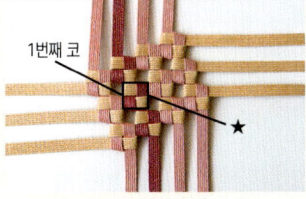

좌우(a끈)에서 필요한 끈 끝의 길이가 다르므로 a끈을 [끈 폭 2줄 분량]만큼 어긋나게 놓는다.

좌우 조절 짝수 a

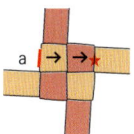

a끈의 끈 중심을 ★의 위치에 어긋나게 놓는다.

or

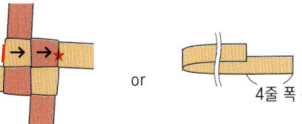

4줄 폭 분량

또는 끈 4줄 폭 분량을 어긋나게 놓고 접는다.

위아래 조절 짝수 b

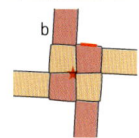

b끈의 조절은 홀수 b와 같다.

▼짝수×짝수의 바닥

상하좌우 모두 필요한 끈 끝의 길이가 다르므로 a끈을 [끈 2줄 폭 분량], b끈을 [끈 4줄 폭 분량]만큼 어긋나게 놓는다.

좌우 조절

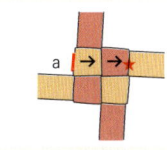

a끈의 조절은 짝수 a와 같다.

위아래 조절

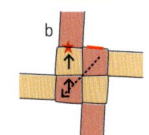

b끈의 조절은 짝수 b와 같다.

02 미니백

Size W14×H14×D7cm

Photo p.9

재료
에코크래프트 라이트 [30m롤]
… 살구색 1롤, 호박색 1롤
길이 조절 숄더 스트랩 (폭 10mm)
… 1줄

도구
4쪽 참고

에코크래프트의 재단 폭과 줄 수

A / 중심 강조색
1. 세로 끈 a 살구색 / 4가닥 … 160㎝×6줄
2. 세로 끈 b 살구색 / 4가닥 … 136㎝×8줄
   호박색 / 4가닥 … 136㎝×4줄
3. 몸판 끈 a 살구색 / 4가닥 … 156㎝×12줄
4. 손잡이 안쪽 끈 호박색 / 5가닥 … 38㎝×2줄
5. 손잡이 겉쪽 끈 호박색 / 5가닥 … 39㎝×2줄
6. 손잡이 감기용 끈 호박색 / 2가닥 … 160㎝×2줄

B / 양옆 강조색
1. 세로 끈 a 살구색 / 4가닥 … 160㎝×6줄
2. 세로 끈 b 살구색 / 4가닥 … 136㎝×10줄
   호박색 / 4가닥 … 136㎝×2줄
3. 몸판 끈 a 살구색 / 4가닥 … 156㎝×12줄
4. 손잡이 안쪽 끈 호박색 / 5가닥 … 38㎝×2줄
5. 손잡이 겉쪽 끈 호박색 / 5가닥 … 39㎝×2줄
6. 손잡이 감기용 끈 호박색 / 2가닥 … 160㎝×2줄

재단 도안

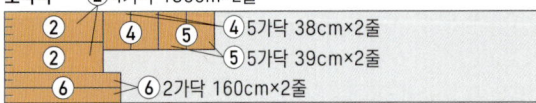

[A]

[B]

바닥을 만든다 ※사진은 A로 설명합니다.

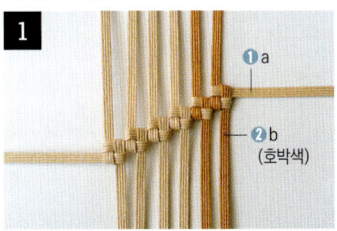

기본 가방(p.22)을 참고해서 만든다. ❶세로 끈 a 1줄과 ❷세로 끈 b(호박색) 1줄로 중심의 1코를 묶은 후 다시 ❷ b(호박색) 1줄로 왼쪽에 1코, ❷ b(살구색) 1줄로 4코를 묶는다.

180도 회전시켜서 ❷ b(호박색) 1줄로 2코, ❷ b(살구색) 1줄로 4코를 묶는다. 1단 총 12코를 묶은 모습.

❶ a 1줄로 2단, 3단을 묶는다.

〈B 의 바닥〉

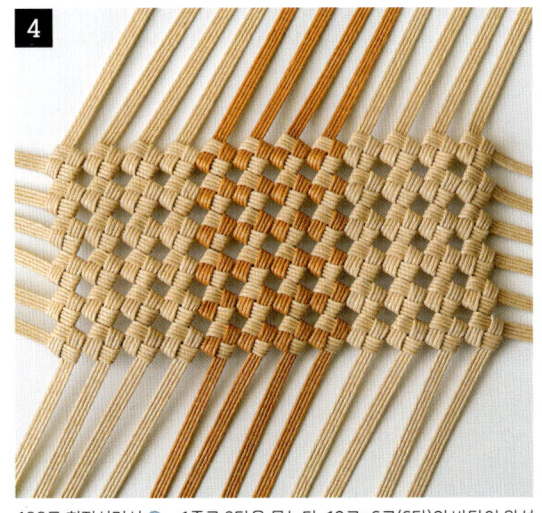

180도 회전시켜서 ❶ a 1줄로 3단을 묶는다. 12코×6코(6단)의 바닥이 완성되었다.

B는 ❶세로 끈 a 1줄과 ❷세로 끈 b(살구색) 1줄로 첫코를 묶은 후 다시 ❷ b(살구색) 1줄로 왼쪽에 2코, ❷ b(호박색) 1줄로 1코, ❷ b(살구색) 1줄로 2코를 묶는다. 180도 회전시켜서 ❷ b(살구색) 1줄로 왼쪽에 3코, ❷ b(호박색) 1줄로 1코, ❷ b(살구색) 1줄로 2코를 묶는다(1단 12코). [3], [4]와 같은 방법으로 ❶ a 1줄로 5단 분량을 묶는다.

몸판을 만든다

테두리를 처리하고 손잡이를 단다

몸판 만들기(p.24)를 참고해서 ❸몸판 끈 a 1줄로 몸판 12단을 묶는다.

기본(p.25) 방법으로 테두리의 남은 세로 끈을 처리한다.

❹손잡이 안쪽 끈 1줄과 ❺손잡이 겉쪽 끈 1줄로 4겹 손잡이를 달고(p.26) ❻손잡이 감기용 끈으로 감는다.

03 미니 바구니

Size S 바깥지름11cm×H2.5cm, M 바깥지름15.5cm×H3.5cm, L 바깥지름21.5cm×H5cm

 Photo p.10

재료

S
에코크래프트 라이트 [30m롤]
… 코스모스 1롤

M
에코크래프트 라이트 [30m롤]
… 아쿠아 핑크 1롤

L
에코크래프트 라이트 [30m롤]
… 흰색 1롤

에코크래프트의 재단 폭과 줄 수

S
① 세로 끈 ab 4가닥 … 84cm×14줄
② 옆면 끈 a 4가닥 … 124cm×5줄

M
① 세로 끈 ab 6가닥 … 110cm×14줄
② 옆면 끈 a 6가닥 … 162cm×5줄

L
① 세로 끈 ab 8가닥 … 140cm×14줄
② 옆면 끈 a 8가닥 … 207cm×5줄

도구
4쪽 참고

재단 도안

[S] 코스모스
① 4가닥 84cm×14줄 — 668cm
② 4가닥 124cm×5줄
□=여분

[M] 아쿠아 핑크
① 6가닥 110cm×14줄
② 6가닥 162cm×5줄
1,256cm

[L] 흰색
① 8가닥 140cm×14줄
② 8가닥 207cm×5줄
2,995cm

바닥을 만든다

※사진은 S 사이즈로 설명하지만 만드는 방법은 M, L 사이즈 모두 동일합니다.

1 2줄 매듭(p.22)을 참고해서 바닥을 만든다. ① 세로 끈 ab 1줄씩 중심의 1코를 묶은 후 ① b 1줄을 사용해 1코씩 왼쪽으로 3코를 묶는다.

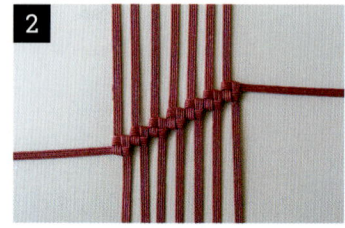

2 180도 회전시켜서 ① 1줄로 1코씩 왼쪽으로 3코를 묶는다. 1단 총 7코를 묶은 모습.

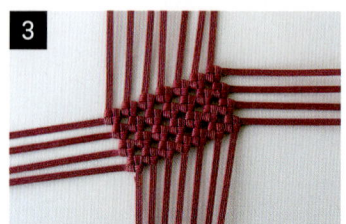

3 ① a 1줄로 3단을 묶는다. 4단이 완성된 모습.

옆면을 만든다

4

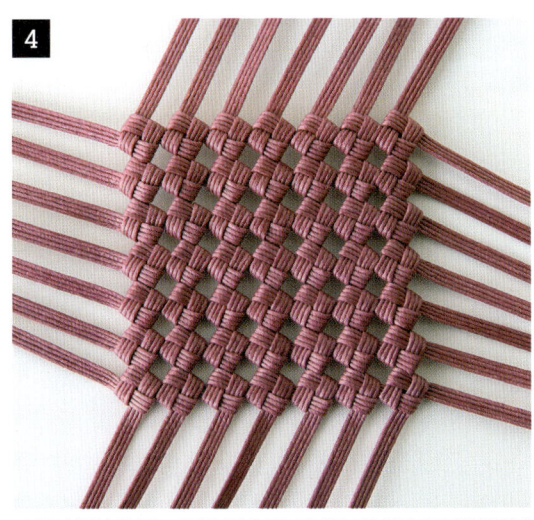

180도 회전시켜서 ❶ a 1줄로 3단을 묶는다. 7코×7코의 바닥이 완성되었다.

5

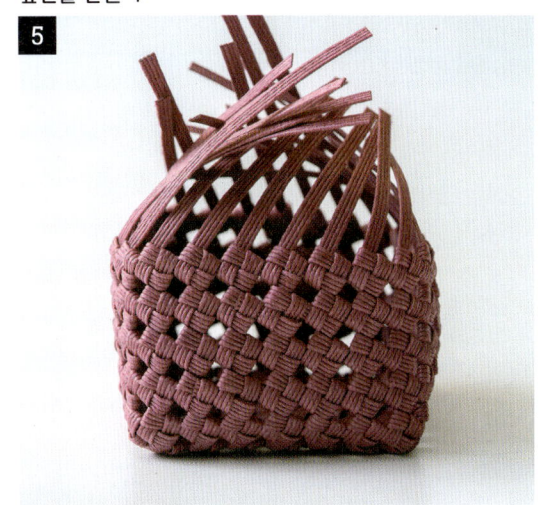

몸판 만들기(p.24)를 참고해서 ❷옆면 끈 a 1줄로 옆면 5단을 묶는다.

테두리를 처리한다 테두리 처리 · 기본

6

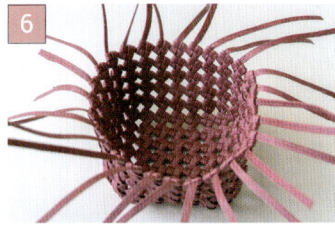

바구니의 겉쪽과 안쪽을 뒤집는다. 물건을 담는 바닥 쪽이 겉, 겉쪽이 안코가 된다.

7

테두리에서 3번째 단을 겉쪽으로 접는다. 3번째 단은 평평한 테두리로 만들고 테두리에서 1번째, 2번째 단은 옆면에 붙인다.

8

세로 끈을 안코 3코만큼 끼워 넣는다. 먼저 1코를 통과시킨다.

9

나머지 2코에 통과시킨다.

10

한쪽 변의 세로 끈을 모두 끼워 넣은 모습. 여분을 잘라낸다.

11

나머지 세로 끈도 [8]~[10]과 같은 방법으로 한 변씩 안쪽으로 3코만큼 끼워 넣어 처리한다.

12

테두리를 처리한 모습. 완성.

04 트레이

Size S W28cm×H3.5cm×D19cm, L W35cm×H3.5cm×D27cm

Photo p.11

재료

S
에코크래프트 스탠더드 [30m롤]
… 초코 1롤

L
에코크래프트 스탠더드 [10m롤]
… 황록색, 5롤
※에코크래프트 스탠더드[30m롤] 2롤로 대체할 수 있다.

에코크래프트의 재단 폭과 줄 수

S
① 세로 끈 a 6가닥 … 162㎝×11줄
② 옆면 끈 b 6가닥 … 133㎝×16줄
③ 옆면 끈 a 6가닥 … 331㎝×4줄
④ 손잡이 안쪽 끈 6가닥 … 38㎝×2줄
⑤ 손잡이 겉쪽 끈 6가닥 … 39㎝×2줄
⑥ 손잡이 감기용 끈 2가닥 … 200㎝×2줄

L
① 세로 끈 a 6가닥 … 186㎝×15줄
② 옆면 끈 b 6가닥 … 157㎝×20줄
③ 옆면 끈 a 6가닥 … 423㎝×4줄
④ 손잡이 안쪽 끈 6가닥 … 41㎝×2줄
⑤ 손잡이 겉쪽 끈 6가닥 … 42㎝×2줄
⑥ 손잡이 감기용 끈 2가닥 … 220㎝×2줄

도구
4쪽 참고

재단 도안

[S]

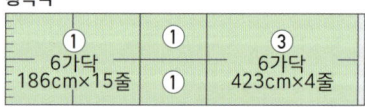

[L]

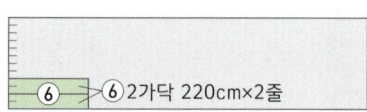

Lesson 1

바닥을 만든다 ※사진은 S 사이즈로 설명합니다.

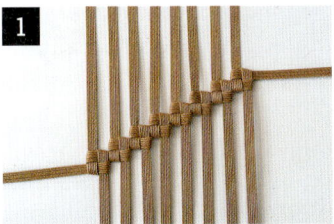

2줄 매듭(p.22)을 참고해서 바닥을 만든다. ❶세로 끈 a 1줄과 ❷세로 끈 b 1줄로 중심의 1코를 묶은 후 ❷ b 1줄로 1코씩 왼쪽으로 7코(L은 9코)를 묶는다.

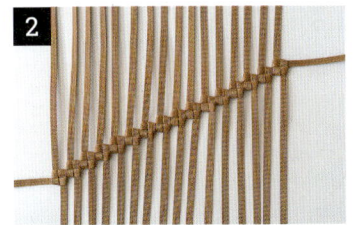

180도 회전시켜서 ❷ b 1줄로 1코씩 왼쪽으로 8코(L은 10코)를 묶는다. 1단 총 16코(L은 20코)를 묶은 모습.

❶ a 1줄로 5단(L은 7단)을 묶는다.

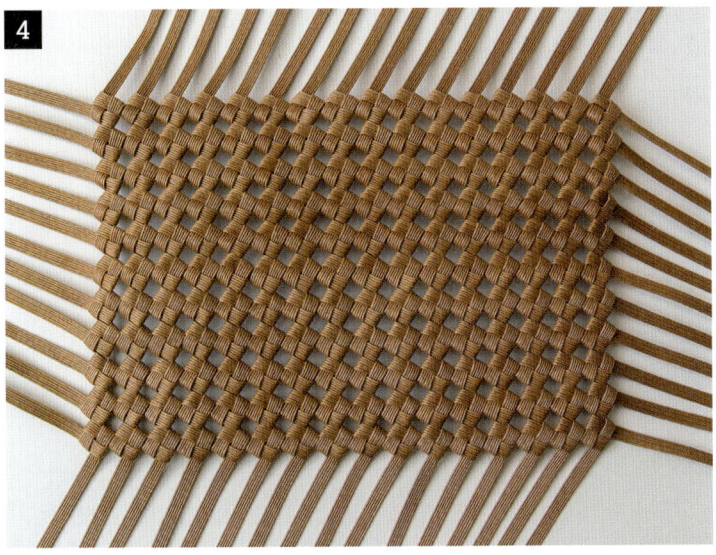

180도 회전시켜서 ❶ a 1줄로 5단(L은 7단)을 묶는다. 16코×11코(L은 20코×15코)의 바닥이 완성되었다.

옆면을 만든다

몸판 만들기(p.24)를 참고해서 ❸옆면 끈 a 1줄로 옆면 2단을 묶는다.

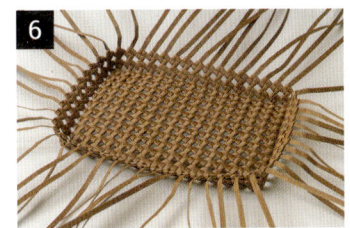

바구니의 겉쪽과 안쪽을 뒤집는다.

2줄 매듭·역매듭

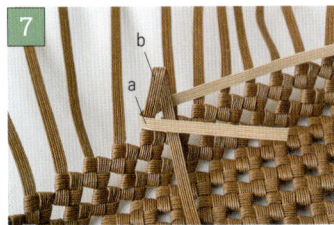

❸옆면 끈 a로 3번째 단을 역매듭으로 묶는다. b끈을 뒤쪽으로 살짝 접어 ❸ a의 위쪽 끈을 4코 분량 길이로 접어서 a끈 사이에 끼운다.

a의 아래쪽 끈부터 b의 고리에 끼워 넣는다. 2줄 분량의 폭으로 a에 접은 자국을 낸 뒤 b의 고리에 통과시킨다.

b의 아래쪽 끈을 2줄 분량의 폭으로 접은 자국을 내서 a의 고리에 통과시킨다.

꽉 잡아당겨 조인다. 역매듭을 만든 모습.

같은 방법으로 역매듭을 계속 묶는다. b끈을 a끈 사이에 끼워서 a끈, b끈 순서로 고리에 통과시킨다.

역매듭을 만든 모습. 3번째 단 이후에는 되접어 꺾은 상태(바닥을 위쪽으로)로 묶어 나간다.

Point!

역매듭을 만든 3, 4번째 단을 되접어 꺾으면(옆면 겉쪽이 된다) 매듭 방향이 겉쪽과 안쪽에서 가지런해진다.

3번째 단의 시작코까지 3코 남은 위치까지 묶은 모습.

시작코의 끈 끝을 감싸며 나머지 코를 묶는다.

마지막 코를 묶을 때 a를 다음 코(시작코)에도 끼워 넣는다.

시작코에 끼워 넣은 후 안코에 통과시켜서 겉쪽으로 빼낸다. 시작코와 다음 코에도 a끈을 통과시키고 여분을 잘라낸다.

❸옆면 끈 a로 4번째 단을 역매듭으로 묶는다.

테두리를 처리한다

테두리 처리, 되접어 꺾기(p.31)를 참고해서 세로 끈을 옆면의 안코에 3코만큼 통과시켜서 여분을 잘라낸다.

테두리를 처리한 모습.

❹손잡이 안쪽 끈 1줄과 ❺손잡이 겉쪽 끈 1줄로 4겹 손잡이를 달고(p.26) ❻손잡이 감기용 끈으로 감는다.

Lesson 1

05 토트백
Size W30.5cm×H21.5cm×D10cm

Photo p.12

재료
남색
에코크래프트 라이트 [30m롤]
… A색 남색 1롤, B색 회색 1롤

핑크
에코크래프트 라이트 [30m롤]
… A색 자두색 1롤, B색 펄 화이트 1롤

에코크래프트의 재단 폭과 줄 수
❶ 세로 끈 a A색 / 6가닥 … 150cm×6줄
❷ 세로 끈 b A색 / 6가닥 … 88cm×14줄
❸ 세로 끈 b A색 / 6가닥 … 188cm×4줄
❹ 몸판 끈 a A색 / 6가닥 … 266cm×3줄
❺ 세로 끈 b B색 / 6가닥 … 73cm×40줄
❻ 몸판 끈 a B색 / 6가닥 … 245cm×10줄
❼ 몸판 끈 a A색 / 6가닥 … 21cm×40줄
❽ 손잡이 안쪽 끈 A색 / 8가닥 … 90cm×2줄
❾ 손잡이 겉쪽 끈 A색 / 8가닥 … 91cm×2줄
❿ 손잡이 감기용 끈 A색 / 2가닥 … 490cm×2줄

도구
4쪽 참고

재단 도안

A색 — 2,910cm
B색 — 2,685cm
□ = 여분

바닥을 만든다

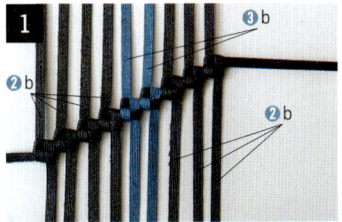
1

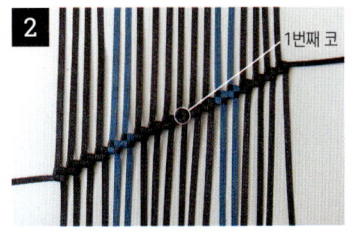
2

3

2줄 매듭(p.22)을 참고해서 바닥을 만든다. ❶세로 끈 a 1줄과 ❷세로 끈 b 1줄로 중심의 1코를 묶은 후 ❷ b 1줄로 1코씩 왼쪽으로 2코를 묶는다. 다시 ❸세로 끈 b 1줄로 1코씩 2코, ❷ b 1줄로 1코씩 4코를 묶는다.

180도 회전시켜서 ❷ b 1줄로 1코씩 왼쪽으로 3코, ❸ b 1줄로 1코씩 2코, ❷ b 1줄로 1코씩 4코를 묶는다. 1단 총 18코를 묶은 모습.

❶ a 1줄로 2단을 묶는다. 3단이 완성된 모습.

180도 회전시켜서 ❶ a 1줄로 3단을 묶는다. 18코×6코의 바닥이 완성되었다.

몸판을 만든다

2줄 매듭 • 색 바꾸기

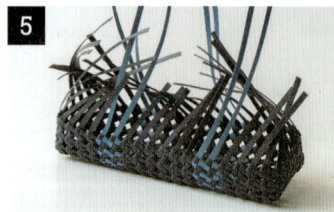

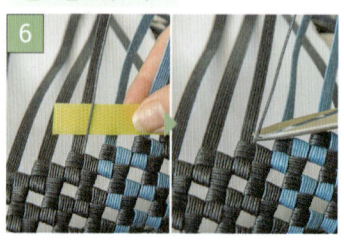

몸판 만들기(p.24)를 참고해서 ❹몸판 끈 a 1줄로 몸판 3단을 묶는다. ❸ b 8줄이 손잡이 위치가 된다.

손잡이 위치인 ❸ b 8줄 이외의 세로 끈은 1가닥 분량을 갈라서 잘라내 5가닥으로 만든다.

❺세로 끈 b의 끝에 접착제를 바르고 손잡이 위치(❸ b)를 제외한 세로 끈의 매듭에 반코만큼 끼워 넣어 A색에서 B색으로 바꾼다.

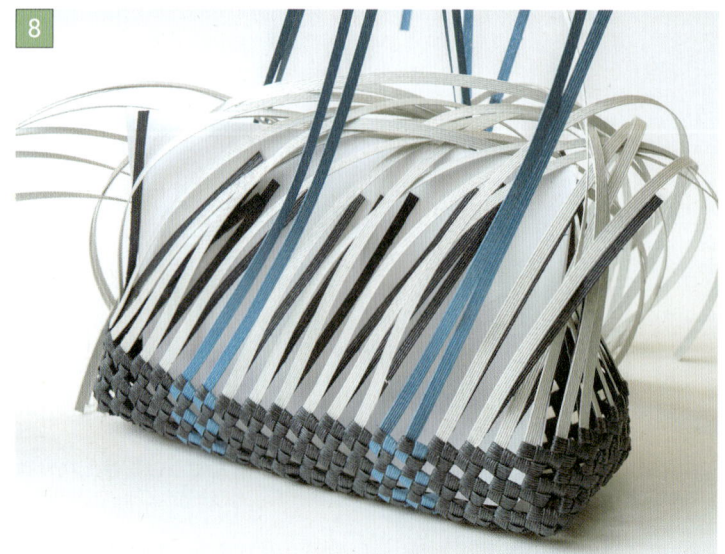

❻몸판 끈 a로 4번째 단을 묶는다. 색을 바꾼 ❺ b와 1코를 묶는다. 이때 A색의 세로 끈도 함께 묶는다.

❺b를 끼워 넣어 세로 끈의 색을 바꾼 모습.

1코를 묶은 모습.

Lesson 1

손잡이 위치(❸ b)까지 ❻ a로 계속 묶는다.

❼몸판 끈 a를 계속 묶어온 ❻ a의 위에 겹치듯이 매듭에 끼워 넣어서 A색끼리 1코를 묶는다. ❼ a 사이에 ❻ a를 끼워서 묶어 감싼다.

❼ a로 다시 1코를 A색끼리 묶는다. ❻ a를 사이에 끼워서 묶은 모습.

❼ a로 2코를 묶은 모습.

❼ a를 반코만큼(끈 폭 정도) 남겨서 잘라낸다.

❻ a로 ❼ a의 끈 끝을 사이에 끼워서 묶는다. [9]~[13]의 요령으로 손잡이 위치는 A색 끈끼리 묶고 나머지는 B색끼리 묶는다.

❻ a로 계속 묶는다. 마지막 3코는 시작코의 끈 끝을 감싸듯이 묶는다.

❻ a의 끝부분 끈을 시작코와 다음 코에 통과시켜서 처리한 모습.

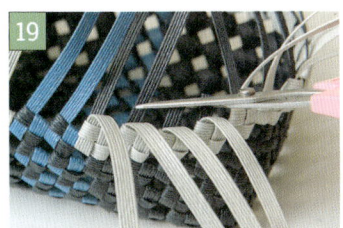

4번째 단을 묶고 나면 A색의 세로 끈(❸ b 이외)을 1cm 정도 남기고 잘라낸다.

손잡이 위치를 제외한 세로 끈이 B색의 세로 끈이 된 모습.

새로운 ❻ 몸판 끈 a와 ❼ 몸판 끈 a로 5번째 단을 [9]~[18]과 같은 방법으로 묶는다. ❻ a의 시작 코는 아랫단과 조금 겹치지 않게 하면 좋다.

Point! 안쪽

1cm를 남기고 잘라낸 A색의 세로 끈을 안쪽에서 함께 묶어 감싼다.

안쪽

손잡이 위치에서는 [12]~[14]와 같은 방법을 이용해 ❼ a로 색을 바꾸고 ❻ a를 감싸며 묶는다.

1단마다 ❻몸판 면 끈 a 1줄과 ❼몸판 끈 a 4줄로 손잡이 위치에서 a끈의 색을 바꿔가며 총 10단을 묶는다.

테두리를 처리하고 손잡이를 단다

테두리 처리, 기본(p.25)과 같은 방법으로 세로 끈을 안쪽으로 접어서 안코 3코만큼 통과시킨 후 여분을 잘라낸다.

테두리를 처리한 모습.

손잡이를 단다. ❽손잡이 안쪽 끈 1줄과 ❾손잡이 겉쪽 끈 1줄로 4겹 손잡이를 달고(p.26) ❿손잡이 감기용 끈으로 감는다.

Lesson 1

06 레이스 꽃무늬 가방

Size W28cm×H19cm×D5.5cm

Photo p.14

재료
에코크래프트 라이트 [30m롤]
… 아쿠아 핑크 1롤, 흑갈색 1롤

도구
4쪽 참고

에코크래프트의 재단 폭과 줄 수

❶ 세로 끈 a AP / 3가닥 … 256cm×4줄
　　 흑갈색 / 3가닥 … 256cm×2줄
❷ 세로 끈 b AP / 3가닥 … 180cm×20줄
　　 흑갈색 / 3가닥 … 180cm×10줄
❸ 몸판 끈 a 흑갈색 / 3가닥 … 240cm×13줄
　　 AP / 3가닥 … 240cm×4줄
❹ 손잡이 끈 흑갈색 / 4가닥 … 80cm×8줄

※ AP = 아쿠아 핑크의 약자

재단 도안

아쿠아 핑크 ☐=여분

| ① 3가닥 256cm×4줄 | ② 3가닥 180cm×20줄 | ③ 3가닥 240cm×4줄 |

— 1,396cm —

흑갈색

① 3가닥 256cm×2줄
❸ 3가닥 240cm×13줄
❷ 3가닥 180cm×10줄
❹ 4가닥 80cm×8줄

— 1,620cm —

바닥을 만든다

1
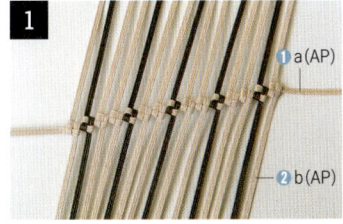

2줄 매듭(p.22)을 참고해서 바닥을 만든다. ❶ 세로 끈 a(AP) 1줄과 ❷ 세로 끈 b(AP) 1줄로 중심의 1코를 묶은 후 ❷ b를 사용해 흑갈색, AP, AP의 순서로 1코씩 왼쪽으로 14코를 묶는다.

2

A4 크기(p.42)는 흑갈색을 아쿠아 그린으로 바꿔서 만든다. 콧수나 단수도 같은 방법으로 한다.

180도 회전시켜서 ❷ b의 AP, 흑갈색, AP의 순서로 1코씩 왼쪽으로 15코를 묶는다. 1단 총 30코를 묶은 모습.

3

❶ a의 흑갈색, AP의 순서로 2단을 묶는다.

4

180도 회전시켜서 ❶ a의 AP, 흑갈색, AP의 순서로 3단을 묶는다. 30코×6코의 바닥이 완성되었다.

몸판을 만든다

5 몸판 만들기(p.24)를 참고해서 ❸몸판 끈 a(흑갈색) 1줄로 몸판 3단을 묶는다.

6 모서리에 끈(재료 외)을 끼워 놓으면 다음에 틈새를 만들 부분의 시작코를 쉽게 알 수 있다.

2줄 매듭·줄임코

7 긴 변의 가장자리에 있는 세로 끈 2줄로 2줄 매듭 1코를 묶는다. 오른쪽을 a끈, 왼쪽을 b끈으로 해서 묶는다.

8 묶은 모습. 아랫단 코 사이에 1코가 생긴다.

9 세로 끈 2줄로 2줄 매듭을 만들어가며 왼쪽 방향으로 한 바퀴를 둘러 묶는다.

10 한 바퀴를 둘러 묶어서 4번째 단이 완성된 모습.

11 ❸a(AP) 1줄을 사용해 [5]와 같은 방법으로 모든 세로 끈을 b끈으로 해서 1단(한 바퀴)을 묶는다.

12 1코를 묶은 모습. 아랫단 코 위에 2코를 묶는다.

13 한 바퀴를 둘러 묶어서 5번째 단이 완성된 모습.

14 다음 단은 a끈을 추가하지 않고 세로 끈 2줄로 줄임코를 만든다. 이때 [7]의 코(4번째 단)와 위치가 어긋나게 묶는다.

15 코를 줄여가며 왼쪽 방향으로 한 바퀴를 둘러 묶는다.

16 한 바퀴를 둘러 묶어서 6번째 단이 완성된 모습.

17 ❸a(AP) 1줄을 사용해 [11]과 같은 방법으로 한 바퀴를 둘러 묶어서 7번째 단이 완성된 모습.

줄임코로 1단을 묶는다. 이때 [7]의 코(4번째 단)와 같은 위치가 되도록 묶는다.

한 바퀴를 둘러 묶어서 8번째 단이 완성된 모습. 4~8단의 5단 분량으로 꽃무늬가 생겼다.

❸ a(흑갈색) 1줄로 7단을 묶는다. [7]~[19]를 반복해서 5단 분량으로 꽃무늬를 만들고 ❸ a(흑갈색) 1줄로 3단을 묶는다.

테두리를 처리한다   테두리 장식무늬뜨기 A

세로 끈을 테두리 장식무늬뜨기 A로 처리한다. 세로 끈을 뒤쪽으로 되접어 꺾어서 오른쪽 옆 끈의 안쪽에 걸친 후 다음 끈의 겉쪽으로 빼내서 오른쪽 3번째 코의 안쪽에 걸친다.

오른쪽 방향으로 똑같이 처리한다. 안쪽, 겉쪽, 안쪽으로 통과시킨 모습.

같은 방법으로 둘레를 처리한다. 세로 끈 2줄을 남긴 모습.

왼쪽 끈을 처리한다. 안쪽, 겉쪽, 안쪽으로 통과시킨다.

마지막 1줄도 안쪽, 겉쪽, 안쪽으로 통과시키는데, 옆코에서 나온 끈의 고리에 뒤쪽에서 앞쪽으로 사진처럼 통과시킨다.

테두리에 빈틈이 생기지 않게 채워서 접는다.

끈을 처리한다. 안코에 1코를 통과시키고 되접어 꺾듯이 해서 같은 코에 다시 한번 통과시킨다.

안코 2코에 다시 통과시키고 여분을 잘라낸다.

손잡이를 단다

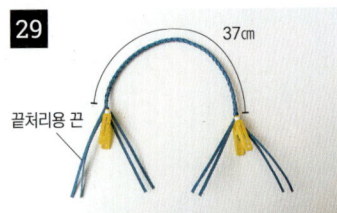

29 37cm
끝처리용 끈

❹ 손잡이 끈 4줄로 4줄 땋기(p.45) 37cm를 뜬다. 시작 부분은 끝처리용 20cm를 남기고 뜬다.
※ A4 크기의 경우에는 끝처리용 15cm를 남기고 45cm를 뜬다.

30

손잡이를 손잡이 위치(p.41 [20] 참고)에 끼워 넣는다. 끝처리용 끈 4줄은 매듭의 코를 에워싸는 위치에 각각 통과시킨다.

31 안쪽

위쪽의 끝처리용 끈 2줄을 되접어 꺾듯이 해서 안코에 위에서 끼워 넣은 후 아랫단의 안코에 통과시킨다.

32 안쪽

아래쪽의 끝처리용 끈 2줄을 앞에서 통과시킨 코에 겹쳐서 같은 방법을 되접어 꺾어 끼워 넣는다.

33 안쪽

안코에 통과시킨 후 꽉 잡아당겨 조인 모습. 접착제를 바르고 남은 끈을 잘라낸다.

34

손잡이를 단 모습. 다른 한쪽의 손잡이도 ❹ 손잡이용 끈 4줄로 4줄 땋기를 해서 같은 방법으로 단다.

---

07 레이스 꽃무늬 가방 · A4 크기
Size W34.5cm×H24cm×D7cm

Photo p.15

재료
에코크래프트 라이트 [30m롤]
… 아쿠아 핑크 1롤, 아쿠아 그린 1롤

도구
4쪽 참고

에코크래프트의 재단 폭과 줄 수
❶ 세로 끈 a AP / 4가닥 … 320cm×4줄
　　　　　 AG / 4가닥 … 320cm×2줄
❷ 세로 끈 b AP / 4가닥 … 224cm×20줄
　　　　　 AP / 4가닥 … 224cm×10줄
❸ 세로 끈 a AP / 4가닥 … 300cm×13줄
　　　　　 AG / 4가닥 … 300cm×4줄
❹ 손잡이 끈 AG / 6가닥 … 90cm×8줄

※ AP=아쿠아 핑크, AG=아쿠아 그린의 약자

재단 도안

AP ①4가닥 320cm×4줄 　　　　　　　　　　　　　　　□=여분

(전체 길이 2,432cm)

AG ①4가닥 320cm×2줄

(전체 길이 2,776cm)

Lesson 1

08 체크 가방

Size W28cm×H17cm×D9cm

Photo p.16

재료
에코크래프트 라이트 [30m롤]
… 코스모스 1롤, 살구색 1롤,
펄 화이트 1롤

도구
4쪽 참고

에코크래프트의 재단 폭과 줄 수

❶ 세로 끈 a 코스모스 / 4가닥 … 240cm×4줄
살구색 / 4가닥 … 240cm×2줄
PW / 4가닥 … 240cm×2줄

❷ 세로 끈 b 코스모스 / 4가닥 … 176cm×12줄
살구색 / 4가닥 … 176cm×6줄
PW / 4가닥 … 176cm×6줄

❸ 몸판 끈 a 코스모스 / 4가닥 … 268cm×8줄
살구색 / 4가닥 … 268cm×4줄
PW / 4가닥 … 268cm×4줄

❹ 손잡이용 끈 코스모스 / 4가닥 … 80cm×8줄

※ PW=펄 화이트의 약자

재단 도안

코스모스 — 1,988cm
살구색 — 888cm
펄 화이트 — 888cm

바닥을 만든다

2줄 매듭(p.22)을 참고해서 바닥을 만든다. ❶세로 끈 a(PW) 1줄과 ❷세로 끈 b(PW) 1줄로 중심의 1코를 묶은 후 ❷ b 1줄로 1코씩 (코스모스 2줄, 살구색 2줄, 코스모스 2줄, PW 2줄, 코스모스 2줄, 살구색 1줄의 순서로) 왼쪽으로 11코를 묶는다.

180도 회전시켜서 ❷ b 1줄로 1코씩 (PW 1줄, 코스모스 2줄, 살구색 2줄, 코스모스 2줄, PW 2줄, 코스모스 2줄, 살구색 1줄의 순서로) 왼쪽으로 12코를 묶는다.

3

❶ a 1줄로 (코스모스 2단, 살구색 1단의 순서로) 3단을 묶는다. 180도 회전시켜서 ❶ a 1줄로 (PW 1단, 코스모스 2단, 살구색 1단의 순서로) 4단을 묶는다. 24코×8코의 바닥이 완성되었다.

몸판을 만든다

4

몸판 만들기(p.24)를 참고하여 ❸몸판 끈 a 1줄로 몸판을 사진의 색 순서대로 16단을 묶는다.

테두리를 처리하고 손잡이를 단다

5

테두리 처리, 기본(p.25)과 같은 방법으로 세로 끈을 안쪽으로 접고 안코 3코만큼 통과시켜서 여분을 잘라낸다.

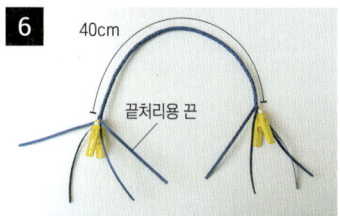

6

❹ 손잡이용 끈 4줄로 4줄 땋기를 한다(하단 [4줄 땋기] 참고). 끝처리 부분을 13㎝ 정도 남기고 땋기 시작해서 40㎝ 정도 뜬다.

7

손잡이 위치([4] 참고. 위에서 2번째 단의 위아래)에 끝처리용 끈 4줄을 겉쪽에서 끼워 넣는다.

8

위쪽의 끝처리용 끈 2줄을 각각 되접어 꺾어서 윗단의 안코에 위에서 통과시켜 꽉 조인다. 그런 다음 안코 3코만큼 세로로 통과시키고 여분은 잘라낸다.

9

남은 아래쪽 끝처리용 끈 2줄도 같은 방법으로 2번째 단의 안코에 위에서 통과시킨다.

10

다시 한번 안코 2코만큼 세로로 통과시킨다.

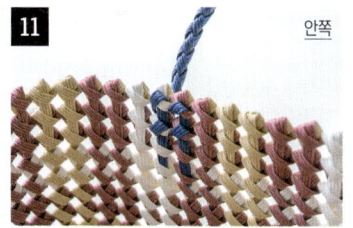

11

끈 끝의 여분을 잘라낸다. 반대쪽 끈 끝도 같은 방법으로 처리한다.

12

손잡이를 단 모습. 다른 한쪽의 손잡이도 ❹ 손잡이용 끈 4줄로 4줄 땋기를 해서 같은 방법으로 단다.

4줄 땋기

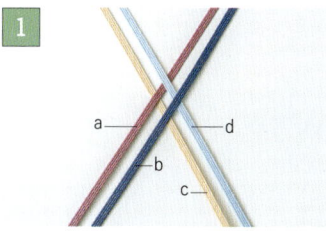

1

끈 4줄을 사진처럼 서로 겹쳐 놓는다.

2

a를 b와 c 사이에 넣듯이 끈을 뒤집는다.

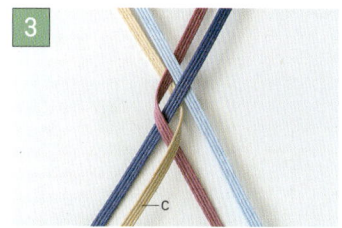

3

c를 a와 교차하듯이 끈을 뒤집는다.

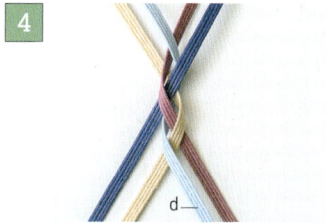

4

d를 뒤쪽에서 b와 c 사이로 빼내서 겉쪽으로 뒤집는다.

5

b를 뒤쪽에서 d와 a 사이로 빼내서 겉쪽으로 뒤집는다. 그런 다음 오른쪽 가장자리의 끈(a)을 뒤쪽에서 c와 b 사이로 빼내서 겉쪽으로 뒤집는다.

6

[4]~[5]와 같이 오른쪽 가장자리의 끈, 왼쪽 가장자리의 끈과 번갈아가며 반복해서 땋는다.

45

09 사선 체크 가방

Size W28cm×H29cm×D13cm

Photo p.17

재료
에코크래프트 라이트 [30m롤]
… 살구색 1롤, 펄 화이트 2롤,
밝은 파란색 1롤

도구
4쪽 참고

에코크래프트의 재단 폭과 줄 수
❶ 세로 끈 ab 살구색 / 6가닥 … 358cm×2줄
　　　　　　PW / 6가닥　　 358cm×6줄
　　　　　밝은 파란색 / 6가닥 … 358cm×4줄
❷ 세로 끈 ab 밝은 파란색 / 6가닥 … 352cm×4줄
❸ 세로 끈 ab PW / 6가닥 … 342cm×4줄
❹ 세로 끈 ab PW / 6가닥 … 332cm×4줄
❺ 세로 끈 ab 살구색 / 6가닥 … 321cm×4줄
❻ 세로 끈 ab PW / 6가닥 … 311cm×4줄
❼ 세로 끈 ab 밝은 파란색 / 6가닥 … 300cm×4줄
❽ 손잡이 안쪽 끈 밝은 파란색 / 8가닥 … 120cm×2줄
❾ 손잡이 겉쪽 끈 밝은 파란색 / 8가닥 … 121cm×2줄
❿ 손잡이 감기용 끈 밝은 파란색 / 2가닥 … 600cm×2줄

※ PW=펄 화이트의 약자

재단 도안

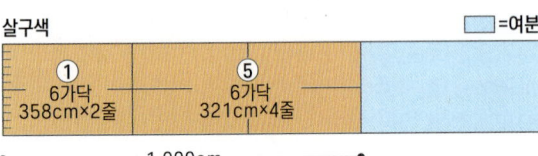

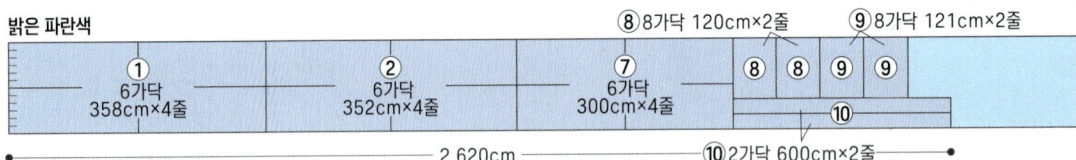

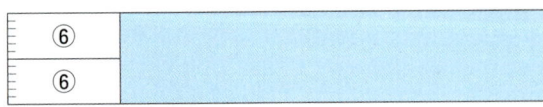

바닥을 만든다

1
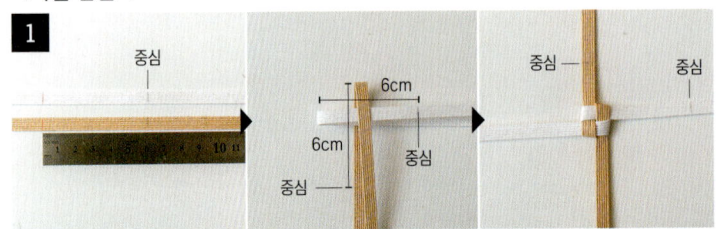

2

❶ 세로 끈의 (PW)를 a, (살구색)을 b로 해서 중심의 1코를 묶는다. 이때 중심에서 6cm 정도 떨어진 위치에서 접으므로 표시해 놓는다. ❶ a는 긴 쪽, ❶ b는 짧은 쪽을 위로 해서 겹친다.

1번째 코의 왼쪽에 ❶ b(PW)의 위쪽을 6cm 정도 짧게 해서 묶는다. 같은 방법으로 ❶ b(밝은 파란색), ❷ b, ❸ b, ❹ b, ❺ b, ❻ b, ❼ b로 1코씩 위쪽을 아랫단의 b끈보다 6cm 정도 짧게 해서 묶는다.

3

180도 회전시켜서 ❶ b(PW) 1줄로 2코, ❶ b(밝은 파란색), ❷ b, ❸ b, ❹ b, ❺ b, ❻ b, ❼ b로 1코씩 위쪽을 6cm 정도 짧게 해서 묶는다. 1단 18코를 묶은 모습.

4

❶ a(PW)로 2번째 단을 묶는다. 이때 위쪽을 6cm 정도 짧게 해서 묶기 시작한다. (아랫단의 a끈보다 끈 끝이 6cm 정도 짧아진다)

5

❶ a(밝은 파란색), ❷ a, ❸ a, ❹ a, ❺ a, ❻ a, ❼ a로 3~9번째 단을 뜬다. 전부 위쪽을 6cm 정도 짧게 해서 묶는다.

6

180도 회전시켜서 ❶ a(살구색), ❶ a(PW), ❶ a(밝은 파란색), ❷ a, ❸ a, ❹ a, ❺ a, ❻ a, ❼ a로 9단을 묶는다. 18코×18코를 만든 모습. 바닥 매듭 도안(p.48)의 직사각형 선이 바닥이 된다. 끈 1가닥(재료 외)으로 사진처럼 바닥 선에 표시하듯이 끼워 넣어 두면 작업하기 수월하다.

바닥 매듭 도안

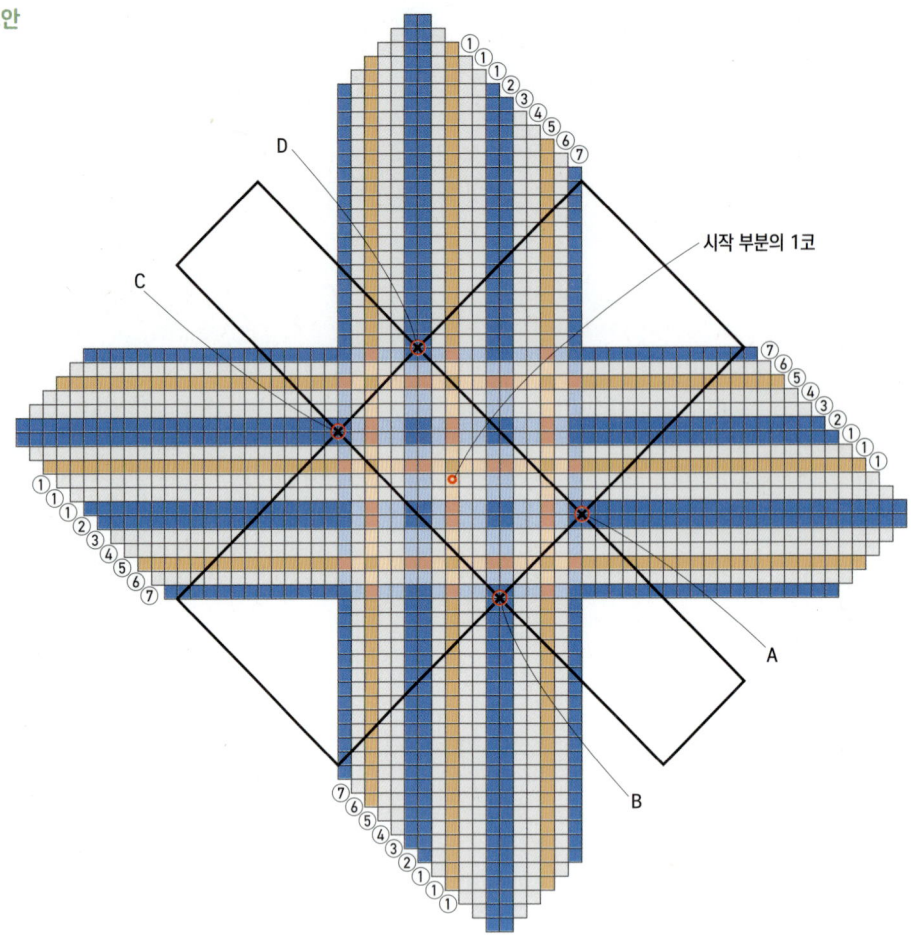

몸판을 만든다　변형 몸판 올리기

7

몸판을 묶는다. 바닥 라인을 따라 살짝 접은 자국을 낸 뒤 바닥의 모서리 A(p.47 [6] 상단 도안 참고)부터 묶는다. 모서리의 오른쪽 끈(밝은 파란색)을 a끈, 왼쪽을 b끈으로 해서 2줄 매듭을 만든다.

8

1코를 묶은 모습.

9

계속해서 a끈(밝은 파란색)을 사용해서 왼쪽으로 묶는다.

10
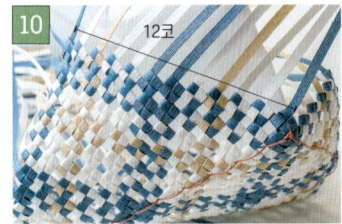

가장자리까지 총 12코(사선 방향으로 1단)를 묶는다.

11
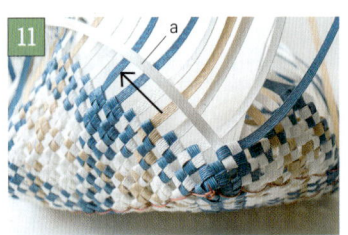

다시 [8]에서 묶은 코의 오른쪽 끈(PW)을 a끈으로 해서 같은 방법으로 왼쪽으로 12코(사선 방향으로 1단)를 계속 묶는다.

12

12코를 묶은 모습.

같은 방법으로 오른쪽 끈을 a로 해서 6단 분량을 12코씩 묶는다.

다음 모서리 B도 [7]~[13]과 같은 방법으로 비스듬히 묶는다. 모서리에 1코를 묶은 모습. 이쪽 모서리는 18코를 묶는다.

총 7단(18코)을 묶어서 바닥 폭 옆면 부분의 높이가 생긴 모습.

나머지 5단은 17코, 16코, 15코, 14코, 13코로 묶어서 몸판의 높이를 맞춘다.

다른 한쪽도 같은 방법으로 비스듬히 묶는다. 모서리 C의 2줄로 1코를 묶어서 1단(24코)을 묶은 모습.

2번째 단 이후는 23코, 22코, 21코, 20코, 19코로 묶어서 총 6단을 묶는다. 그런 다음 모서리 D 24단을 묶는다. 첫단은 24코, 2번째 단 이후는 23코, 22코로 1코씩 줄여서 묶는다. 바구니 부분을 묶어서 올린다.

테두리를 처리한다   테두리 장식무늬뜨기 B

테두리를 처리한다. a 방향의 끈을 앞쪽으로 빼낸다.

b 방향의 끈을 오른쪽으로 1줄 건너뛰어서 앞쪽으로 빼내고 1줄 건너뛰어서(2코 건너뛰어서) 겉쪽에서 안쪽으로 끼워 넣는다.

시계 방향으로 b 방향의 끈을 같은 방법으로 안쪽에 끼워 넣는다.

한 바퀴를 둘러 처리한 모습.

나머지 a 방향의 끈을 왼쪽 코 틈새로 겉쪽에서 끼운다. 이때 b의 고리를 1줄 건너뛰어서 2번째 줄 고리 아래쪽을 끼운다.

시계 방향으로 a 방향의 끈을 같은 방법으로 끼워 넣는다.

고리의 둥근 모양이 망가지지 않게 안쪽에서 끈 끝을 잡아당겨 뜨는 정도를 조절한다.

한 바퀴를 둘러 처리한 모습.

끈 끝을 처리한다. 세로 끈 2줄을 겹쳐서 안쪽에 끼워 놓았으므로 위쪽 끈을 오른쪽 안코에 위쪽에서 되접어 꺾어 통과시킨다.

아래쪽 끈은 왼쪽 안코에 위쪽에서 되접어 꺾어 통과시킨다.

아랫단 안코에 2줄 다 위쪽에서 되접어 꺾어 통과시킨다.

다시 한번 아래쪽 좌우 안코에 각각 위쪽에서 되접어 꺾어 통과시킨다.

안코 3코만큼 되접어 꺾어서 통과시킨 후 여분을 잘라낸다. 이때 끈 끝을 잡아당겨서 접착제를 바른 뒤 잘라내면 좋다.

[27]~[31]과 같은 방법으로 처리한다.

테두리를 처리한 모습.

손잡이를 단다

중심에서 양쪽으로 5코씩 떨어진 곳 아래쪽에 손잡이를 단다. ❽손잡이 안쪽 끈 1줄과 ❾손잡이 겉쪽 끈 1줄로 4겹 손잡이를 단다(p.26). ❾의 끈 끝은 안쪽으로 길게(8㎝ 정도) 빼내서 겹쳐 붙인다. ❿손잡이 감기용 끈으로 감는다.

Lesson 1

10 마르셰백

Size W19.5cm(바닥)×H19.5cm×D 9.5cm(바닥)

Photo p.18

재료
에코크래프트 라이트 [30m롤]
… 호두색 2롤

도구
4쪽 참고

에코크래프트의 재단 폭과 줄 수
❶ 세로 끈 a 6가닥 … 219cm×6줄
❷ 세로 끈 b 6가닥 … 188cm×12줄
❸ 몸판 끈 a 6가닥 … 203cm×1줄
❹ 지지용 끈 b 6가닥 … 167cm×4줄
❺ 몸판 끈 a 6가닥 … 234cm×1줄
❻ 몸판 끈 a 6가닥 … 245cm×11줄
❼ 손잡이용 끈 6가닥 … 210cm×2줄
❽ 장식용 끈 3가닥 … 25cm×2줄
❾ 손잡이 감기용 끈 2가닥 … 410cm×2줄
❿ 스티치용 끈 2줄 … 150cm×2줄

재단 도안

호두색   □=여분

❶ 6가닥 210cm×6줄   ❷ 6가닥 188cm×12줄   ❻ 6가닥 245cm×11줄

2,975cm   ❼ 6가닥 210cm×2줄

❸ 6가닥 203cm×1줄   ❺ 6가닥 234cm×1줄
❽ 3가닥 25cm×2줄
❾ 2가닥 410cm×2줄
❹ 6가닥 167cm×4줄   1,261cm
❿ 2가닥 150cm×2줄

바닥을 만든다

1 2줄 매듭(p.22)을 참고해서 바닥을 만든다. ❶ 세로 끈 a 1줄과 ❷ 세로 끈 b 1줄로 중심의 1코를 묶은 후 ❷ b 1줄로 1코씩 왼쪽으로 5코를 묶는다.

2 180도 회전시켜서 ❷ b 1줄로 1코씩 왼쪽으로 6코를 묶는다.

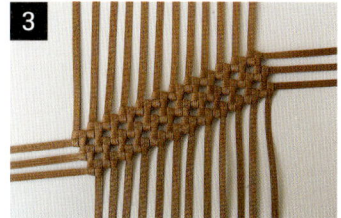

3 ❶ a 1줄로 2단을 묶는다. 3단이 완성된 모습.

4 180도 회전시켜서 ❶ a 1줄로 3단을 묶는다. 12코×6코의 바닥이 완성되었다.

몸판을 묶는다 2줄 매듭·늘림코

5 몸판 만들기(p.24)를 참고해서 ❻ 몸판 끈 a로 몸판을 묶는다. 모서리 전까지 묶은 모습.

6 짧은 변 쪽의 모서리를 묶는 모습이다. 이때 b끈을 a끈의 고리 안에 넣는다.

기본인 2줄 매듭을 만든다.

매듭을 묶은 모습.

매듭의 안쪽. a끈이 안코의 위쪽이 된다.

[8]의 대각 부분
계속 묶다가 다음 모서리는 일반적인 방법으로 묶는다. [8]의 대각 부분 전까지 묶은 모습.

[8]의 대각 부분은 [6]과 같은 방법으로 b끈을 a끈의 고리 안에 넣어서 묶는다. 시작 부분의 3코 전까지 묶은 후 a의 끈 끝을 감싸가며 묶어서 처리한다(p.24 [28]~[34] 참고).

❺ 몸판 끈 a로 2번째 단을 묶는다. 첫단과 시작 부분의 위치를 바꿔서 모서리 전까지 묶는다.

❹ b
❹지지용 끈 b 1줄을 반으로 접어서 바닥 폭 옆면(짧은 변 쪽) 가장자리의 안코에 통과시킨다.

❹ b 1줄을 겉쪽으로 빼내서 b끈으로 1코를 묶는다. 다른 한쪽의 b끈은 잠시 그대로 둔다.

다음 모서리에도 ❹ b 1줄을 반으로 접어서 [13]과 같은 방법으로 바닥 폭 옆면의 가장자리, 첫단의 안코에 통과시킨다.

❺ a와 ❹ b로 묶은 모습.

안쪽. 다른 한쪽의 b끈은 잠시 그대로 둔다.

나머지 모서리 두 부분도 같은 방법으로 ❹ b 1줄씩 추가해서 2번째 단을 계속 묶는다(4코 늘림코).

❻ 몸판 끈 a 1줄로 3번째 단을 묶는다. 모서리까지 묶으면 [14]에서 묶은 ❹ b로 1코를 묶는다.

쉬게 둔 ❹ b로 1코를 묶는다.

다음 모서리는 2번째 단에서 쉬게 한 ❹ b로 1코를 묶고 다시 한번 2번째 단에서 묶은 ❹ b로 1코를 묶는다.

안쪽. ④ b가 좌우대칭이 되었다.

나머지 모서리 두 부분도 [19]~[21]과 같은 방법으로 묶어서 3번째 단을 묶는다(4코 늘림코).

⑤ 몸판 끈 a 1줄로 각각 4~12단을 묶는다.

테두리를 처리한다

⑥ 몸판 끈 a 1줄로 테두리를 역매듭(p.33 [7]~[16])으로 만든다. b끈을 a끈 사이에 끼운다.

역매듭을 만들어서 1코가 생긴 모습.

테두리를 되접어 꺾듯이 계속 묶는다.

한 바퀴를 둘러 묶고 나면 안코에 1코를 통과시키고 되접어 꺾어 같은 코에 통과시킨 후 2코를 통과시켜서 여분을 잘라낸다.

테두리를 처리한 모습.

손잡이를 단다

⑦ 손잡이용 끈에 40㎝ 위치를 표시해서 40㎝만큼 원으로 만든다.

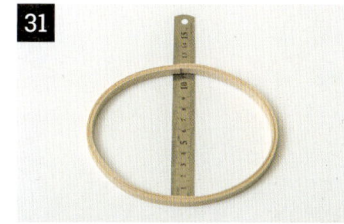
접착제를 발라서 5겹으로 만들고 높이 11㎝ 정도의 타원 모양을 잡는다.

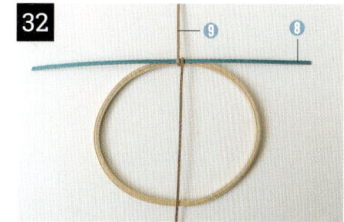
⑧ 장식용 끈 1줄의 중심을 타원 손잡이의 옆면과 중심에 맞춘다. ⑨ 손잡이 감기용 끈을 반으로 살짝 접고 중심에 맞춰서 한 번씩 감는다.

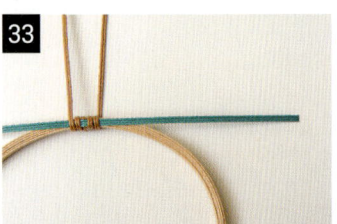

❾를 ❽의 아래쪽에 한 번, 위쪽에 두 번을 감는다.

10번을 반복해서 한쪽에 무늬 10개를 만든 후 나머지는 무늬를 넣지 않고 빈틈없이 감는다.

여분의 끈을 잘라내고 안쪽에서 접착제를 발라 고정한다.

반대쪽도 같은 방법으로 감아서 손잡이가 완성된 모습. ❼❽❾ 1줄씩 같은 방법으로 1개를 더 만든다.

손잡이를 끈 1가닥(재료 외)으로 임시 고정한다. 손잡이 위치는 [24]를 참고한다.

블랭킷 스티치

❿스티치용 끈을 손잡이 겉쪽에서 안쪽으로 넣었다가 밖으로 빼내서 손잡이를 감싸듯이 끈 끝을 15㎝ 정도 남기고 끈 끝부분을 교차시킨다. 끈 끝은 빨래집게로 고정한다.

블랭킷 스티치의 요령으로 손잡이를 꿰맨다. 끈을 손잡이 안쪽으로 통과시켜서 고리를 만들고 그 고리로 끈 끝을 안쪽에서 빼낸다.

같은 방법으로 손잡이를 감싸며 스티치한다. 2코가 생긴 모습.

3번째 코는 매듭 틈새에 통과시켜 본체와 손잡이를 감싸서 스티치한다.

2코 분량은 손잡이만, 3번째 코는 본체와 손잡이에 끈을 통과시키며 스티치한다.

스티치한 모습.

❿의 끈 끝을 안쪽에 넣고 세로 끈을 처리한 코에 통과시킨다.

되접어 꺾듯이 해서 같은 코에 다시 한번 통과시킨다.

접착제를 발라서 꽉 조이고 안코 2코에 통과시킨 후 여분을 잘라낸다.

손잡이를 단 모습. 다른 한쪽도 같은 방법으로 ❿ 1줄을 사용해서 단다.

Lesson 1

11 그물 바구니 가방
Size W21cm×H13cm×D13cm

Photo p.19

재료
에코크래프트 라이트 [30m롤]
… 커피색 1롤

도구
4쪽 참고

에코크래프트의 재단 폭과 줄 수
① 세로 끈 a 4가닥 … 132cm×7줄
② 세로 끈 b 4가닥 … 112cm×11줄
③ 몸판 끈 a 4가닥 … 192cm×6줄
④ 테두리 심용 끈 8가닥 … 74cm×1줄
⑤ 손잡이 걸이용 끈 3가닥 … 12cm×4줄
　　　　　　　　　 3가닥 … 3.5cm×4줄
⑥ 테두리 겉쪽 끈 8가닥 … 75cm×1줄
⑦ 테두리 안쪽 끈 8가닥 … 73cm×1줄
⑧ 테두리 감기용 끈 2가닥 … 160cm×2줄
⑨ 손잡이 안쪽 끈 6가닥 … 62cm×2줄
⑩ 손잡이 겉쪽 끈 6가닥 … 63cm×2줄
⑪ 손잡이 감기용 끈 2가닥 … 300cm×2줄

재단 도안

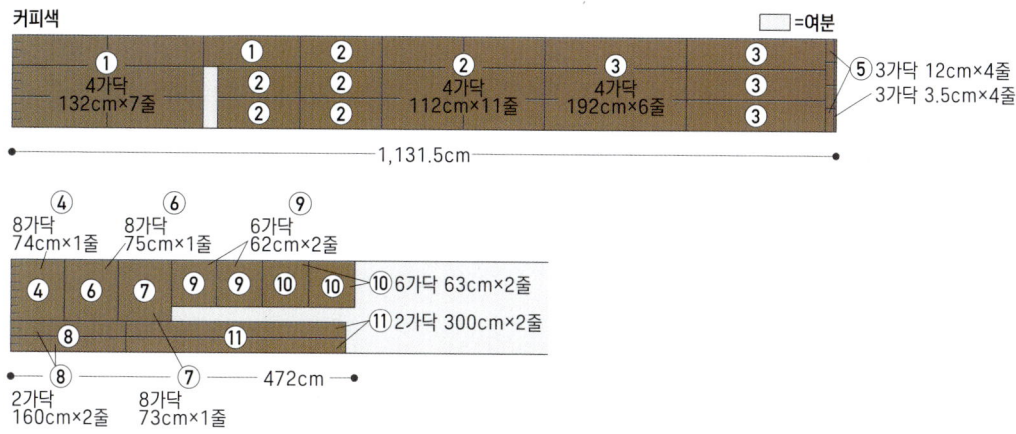

바닥을 만든다 인터벌(간격 벌리기 기법)

1
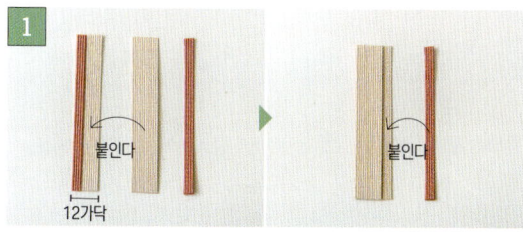

16가닥(2cm)의 게이지(재료 외)를 만든다. 12가닥에 4가닥을 겹쳐서 붙이고 그 옆에 12가닥을 붙여서 안쪽으로 뒤집어 4가닥을 붙인다.

2
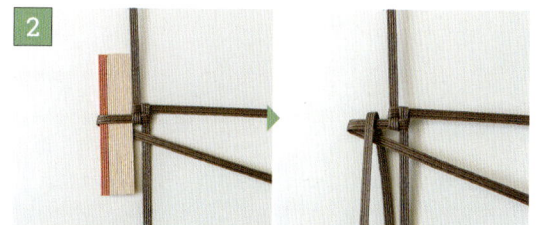

❶세로 끈 a 1줄과 ❷세로 끈 b 1줄로 중심의 1코를 묶는다. 게이지를 사용해 a끈을 중심의 코에서 2cm 정도 떨어진 위치에서 접고 ❷ b 1줄로 1코씩 왼쪽으로 5코를 묶는다.

3

간격을 벌려서 5코를 묶은 모습.

4

180도 회전시킨 후 게이지를 사용해서 간격을 벌려가며 ❷ b 1줄로 1코씩 왼쪽으로 5코를 묶는다.

2번째 단을 묶는다. 게이지를 사용해 b끈을 2㎝ 정도 떨어진 위치에서 접는다. b끈 11줄에 접은 자국을 낸다.

❶ a 1줄의 위쪽 끈을 첫단의 a끈 끝과 길이를 맞춰 접어서(p.23 [13]) 왼쪽으로 11코를 묶는다.

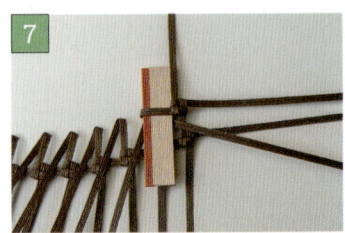

1코씩 묶을 때마다 a끈에도 접은 자국을 낸다.

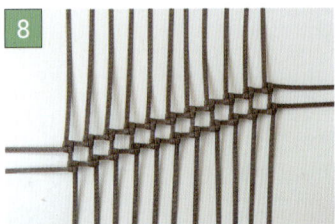

2번째 단을 간격을 벌려서 묶은 모습.

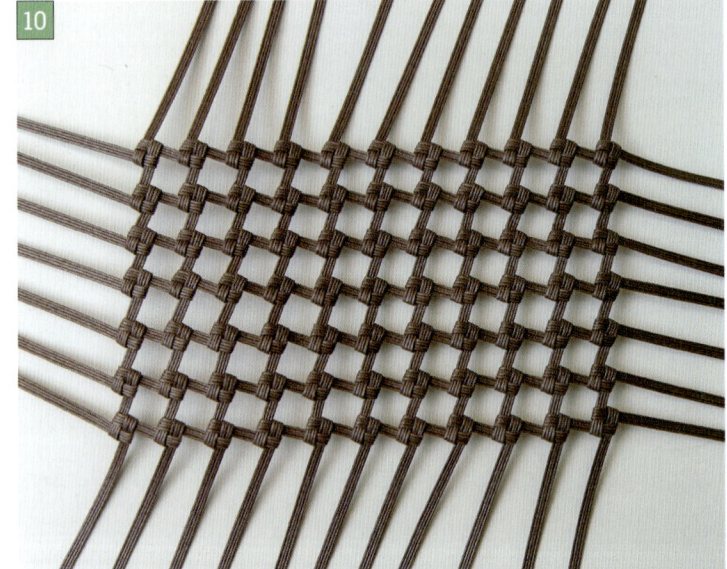

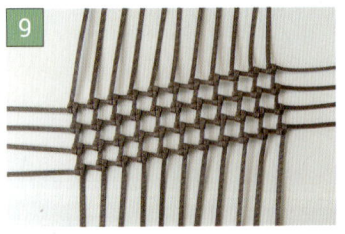

같은 방법으로 ❶ a 1줄로 3, 4번째 단을 묶는다.

180도 회전시켜서 ❶ a 1줄로 3단을 묶는다. 11코×7코의 바닥이 완성되었다.

몸판을 만든다

❶❷의 세로 끈에 게이지로 접은 자국을 낸다.

❸ 몸판 끈 a 1줄을 4코 길이의 위치에서 접고 ❶ ❷를 b끈으로 해서 한 바퀴를 둘러 묶는다.

바닥을 묶을 때와 같은 방법으로 a끈에 접은 자국을 내며 계속 묶는다.

모서리는 틈새가 삼각형이 된다.

시작 부분의 3코 전부터는 a의 끈 끝을 감싸며 묶는다(p.24 [28]~[34] 참고).

시작 부분의 위치를 어긋나게 바꿔가며 ❸ a 1줄로 총 6단을 묶는다.

테두리를 처리한다

17 ❶❷의 세로 끈을 상단에서 2㎝(게이지) 떨어진 위치에서 안쪽으로 접는다.

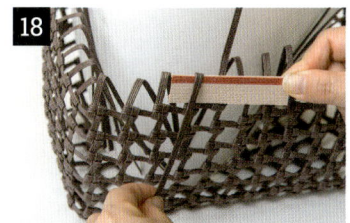

18 단 긴 변의 왼쪽에서 4, 5번째 줄인 세로 끈(손잡이 위치)은 겉쪽으로 접는다. 반대쪽도 같은 방법으로 접는다.

19 ❹테두리 심용 끈을 세로 끈을 접은 안쪽에 붙인다.

20 [17]에서 안쪽으로 접은 끈은 ❹에 오른쪽 방향으로 두 번을 감고 ❹에서 삐져나오지 않게 세로 끈을 잘라내서 접착제를 발라 붙인다.

21 손잡이 위치는 감는 방향을 반대로 해서 틈새를 만든다.

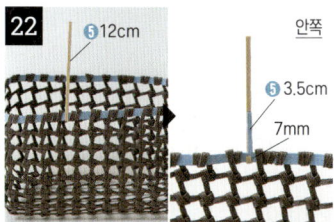

22 ❺손잡이 걸이용 끈 12㎝의 끝을 7㎜ 정도 접어서 ❹에 붙이고 ❺ 3.5㎝를 ❹와 맞대어 안쪽에 겹쳐서 붙인다.

23 ❺ 3.5㎝의 다른 한쪽 끝을 ❹와 맞대게 접고 ❺ 12㎝를 겉쪽에서 안쪽으로 통과시킨 후 겹쳐서 붙인다.

24 4군데에 손잡이를 통과시킬 D링을 만든 모습.

25 ❻테두리 겉쪽 끈과 ❼테두리 안쪽 끈 사이에 ❹를 끼워 넣듯이 붙여서 ❽테두리 감기용 끈 1줄을 ❼의 안쪽에 붙이고 ❻❼에 감는다. 매듭의 코 사이에 한 번씩 감는다.

26 끈을 다 감은 부분은 끈을 감기 시작한 부분에 겹쳐서 붙인다.

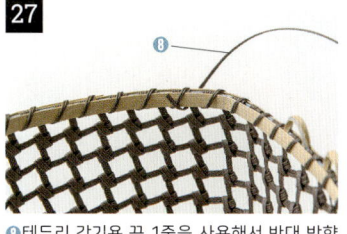

27 ❽테두리 감기용 끈 1줄을 사용해서 반대 방향으로 감는다.

28 D링 사이에도 통과시켜가며 감는다. 다 감은 부분은 [26]과 같은 방법으로 처리한다.

손잡이를 단다

29 4겹 손잡이(p.26)를 참고하여 ❾손잡이 안쪽 끈 1줄로 D링 2개에 통과시켜서 손잡이를 만든다. 접착제를 발라 겹쳐 붙일 때 바구니의 테두리를 따라 모양을 잡는다.

30 ❿손잡이 겉쪽 끈 1줄을 ❾에 맞춰서 겹쳐 붙인다.

31 ⓫손잡이 감기용 끈 1줄로 손잡이를 감는다.

12 벨트 가방

Size W23cm×H19.5cm×D15.5cm

Photo p.20

재료
에코크래프트 라이트 [30m롤]
… 회색 1롤, 남색 1롤
가죽 테이프(폭 15mm)
… 1m

도구
4쪽 참고

에코크래프트의 재단 폭과 줄 수
① 세로 끈 a 남색 / 4가닥 … 232cm×13줄
② 세로 끈 b 회색 / 4가닥 … 204cm×20줄
③ 몸판 끈 a 회색 / 4가닥 … 276cm×16줄
④ 몸판 끈 a 회색 / 4가닥 … 76cm×2줄
⑤ 몸판 끈 a 회색 / 4가닥 … 28cm×4줄
⑥ 몸판 끈 a 회색 / 4가닥 … 48cm×2줄
⑦ 손잡이 안쪽 끈 남색 / 6가닥 … 75cm×2줄
⑧ 손잡이 겉쪽 끈 남색 / 6가닥 … 76cm×2줄
⑨ 손잡이 감기용 끈 남색 / 2가닥 … 350cm×2줄

재단 도안

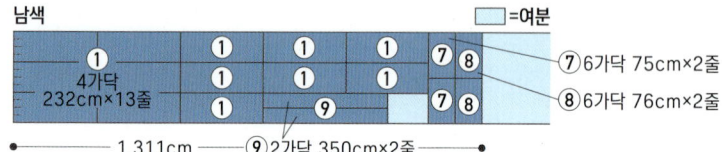

바닥을 만든다

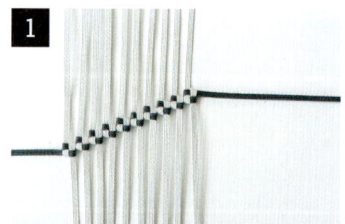

1 2줄 매듭(p.22)을 참고해서 바닥을 만든다. ① ② 세로 끈 ab 각 1줄로 중심의 1코를 묶은 후 ② b 1줄로 1코씩 왼쪽으로 9코를 묶는다.

2 180도 회전시켜서 ② b 1줄로 1코씩 왼쪽으로 10코를 묶는다.

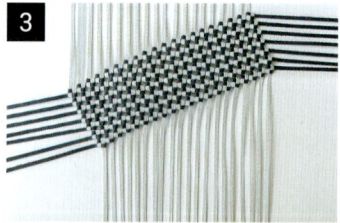

3 ① a 1줄로 6단을 묶는다. 7단이 완성된 모습.

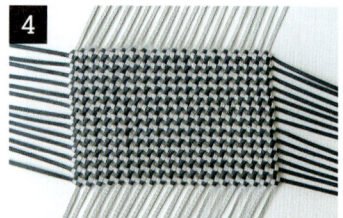

4 180도 회전시켜서 ① a 1줄로 6단을 묶는다. 20코×13코의 바닥이 완성되었다.

몸판을 만든다

5 몸판 만들기(p.24)를 참고해서 ③ 몸판 끈 a 1줄로 몸판 12단을 묶는다.

벨트 통과 구멍을 만든다

6 ④ 몸판 끈 a 1줄을 끝처리용으로 4코 길이만큼 접고 정면 옆선 부분에서 3번째 코의 위치부터 묶기 시작한다. 16코를 묶는다.

Lesson 1

16코를 묶은 모습. 양옆이 2코 길이만큼 빈다.

④ a의 양끝은 각각 안코 3코만큼 통과시켜서 처리한다.

⑤몸판 끈 a 1줄을 사용해서 [6]과 같은 방법으로 4코를 묶는다.

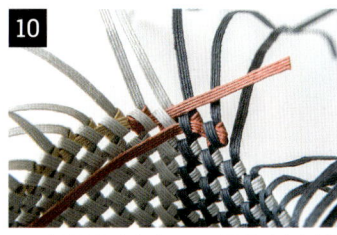

⑤ a의 양끝은 각각 안코 2코만큼 통과시켜서 처리한다.

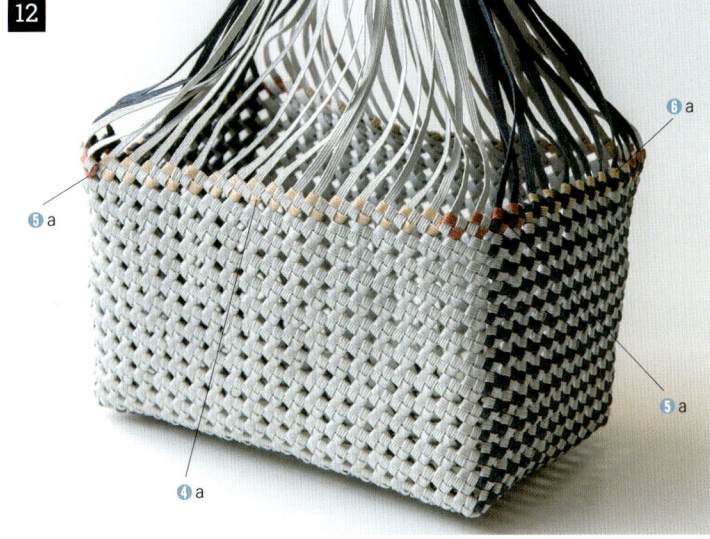

같은 방법으로 ⑤ a 1줄로 4코, ④ a 1줄로 16코, ⑤ a 1줄로 4코, ⑥ a 1줄로 9코, ⑤ a 1줄로 4코를 묶는다. 13번째 단을 묶은 모습.

⑥몸판 a 1줄을 사용해서 같은 방법으로 9코를 묶는다. 양끝은 안코 3코만큼 통과시켜서 처리한다.

테두리를 처리한다

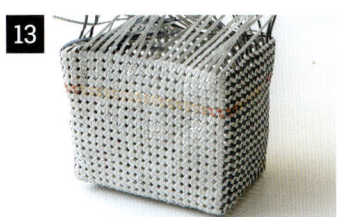

나머지의 ③몸판 a 1줄로 다시 4단을 묶는다. 총 17단을 묶은 모습.

테두리 처리, 기본(p.25)과 같은 방법으로 세로 끈을 안쪽으로 접고 안코 3코만큼 통과시켜서 여분을 잘라낸다.

테두리를 처리한 모습.

옆선 부분에서 3번째 코와 4번째 코 아래쪽(가운데 14코를 사이에 둔 위치)에 손잡이를 단다. ⑦손잡이 안쪽 끈 1줄과 ⑧손잡이 겉쪽 끈 1줄로 4겹 손잡이를 달고(p.26) ⑨손잡이 감기용 끈으로 감는다.

가죽 테이프를 벨트 통과 구멍에 끼운다.

13 패치워크 가방

Size W23cm×H23cm×D2cm

Photo p.21

재료
에코크래프트 라이트 [30m롤]
··· 살구색 1롤, 빨간색 1롤,
   터키 그린 1롤

도구
4쪽 참고

에코크래프트의 재단 폭과 줄 수

패턴 A(2, 5, 11) ※3세트를 만든다
① 세로 끈 a b TG / 6가닥 ··· 53cm×2줄
② 세로 끈 b 빨간색 / 6가닥 ··· 53cm×2줄
③ 세로 끈 b 살구색 / 6가닥 ··· 53cm×2줄
④ 세로 끈 a 빨간색 / 6가닥 ··· 53cm×2줄
⑤ 세로 끈 a 살구색 / 6가닥 ··· 53cm×2줄

패턴B(1, 6, 9, 12) ※4세트를 만든다
① 세로 끈 a b TG / 6가닥 ··· 53cm×2줄
② 세로 끈 b 살구색 / 6가닥 ··· 53cm×2줄
③ 세로 끈 b 빨간색 / 6가닥 ··· 53cm×2줄
④ 세로 끈 a 살구색 / 6가닥 ··· 53cm×2줄
⑤ 세로 끈 a 빨간색 / 6가닥 ··· 53cm×2줄

패턴C(4)
① 세로 끈 a b 빨간색 / 6가닥 ··· 53cm×2줄
② 세로 끈 b 살구색 / 6가닥 ··· 53cm×2줄
③ 세로 끈 b TG / 6가닥 ··· 53cm×2줄
④ 세로 끈 a 살구색 / 6가닥 ··· 53cm×2줄
⑤ 세로 끈 a TG / 6가닥 ··· 53cm×2줄

패턴 D(3, 8) ※2세트를 만든다
① 세로 끈 a b 빨간색 / 6가닥 ··· 53cm×2줄
② 세로 끈 b TG / 6가닥 ··· 53cm×2줄
③ 세로 끈 b 살구색 / 6가닥 ··· 53cm×2줄
④ 세로 끈 a TG / 6가닥 ··· 53cm×2줄
⑤ 세로 끈 a 살구색 / 6가닥 ··· 53cm×2줄

패턴 E(7, 10, 13) ※3세트를 만든다
① 세로 끈 a b 살구색 / 6가닥 ··· 53cm×2줄
② 세로 끈 b 빨간색 / 6가닥 ··· 53cm×2줄
③ 세로 끈 b TG / 6가닥 ··· 53cm×2줄
④ 세로 끈 a 빨간색 / 6가닥 ··· 53cm×2줄
⑤ 세로 끈 a TG / 6가닥 ··· 53cm×2줄

⑥ 손잡이 안쪽 끈 TG / 6가닥 ··· 45cm×2줄
⑦ 손잡이 겉쪽 끈 TG / 6가닥 ··· 46cm×2줄
⑧ 손잡이 감기용 끈 TG / 2가닥 ··· 240cm×2줄

※ TG=터키 그린의 약자

재단 도안

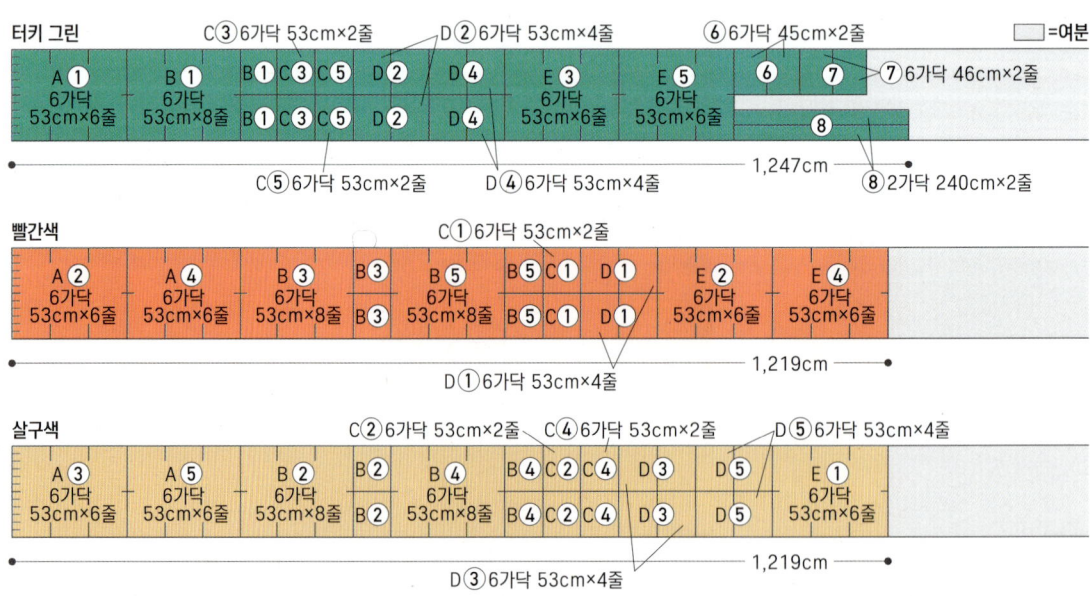

패턴 조각을 만든다

2줄 매듭(p.22)을 참고해서 조각을 만든다. ①세로 끈 ab로 중심의 1코를 묶고 왼쪽에 ②세로 끈 b 1줄로 1코, ③세로 끈 b로 1코를 묶는다. 사진은 패턴 A의 경우.

180도 회전시켜서 왼쪽에 ② b 1줄로 1코, ③ b로 1코를 묶는다.

④⑤세로 끈 a 각 1줄로 1단씩 2단을 묶는다.

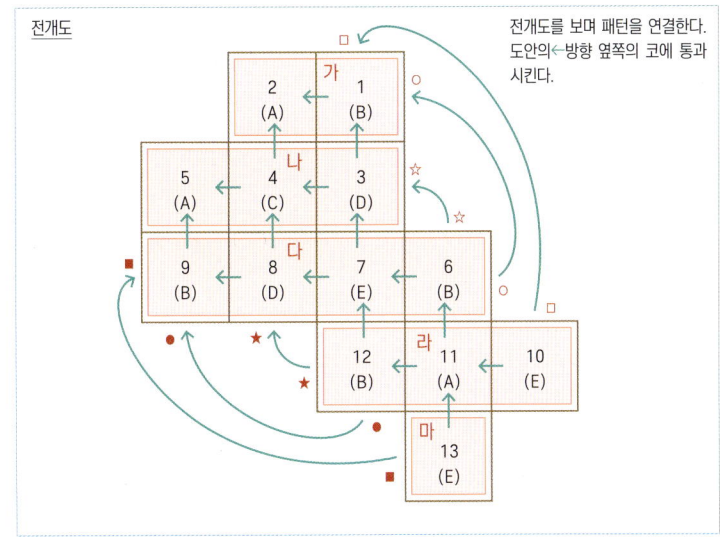

180도 회전시켜서 ④⑤세로 끈 a 각 1줄로 1단씩 2단을 묶는다. 5코×5코의 패턴 조각이 완성되었다. A 패턴은 3개, B 패턴은 4개, C 패턴은 1개, D 패턴은 2개, E 패턴은 3개를 만든다.

전개도를 보며 패턴을 연결한다. 도안의 ← 방향 옆쪽의 코에 통과시킨다.

패턴 조각을 연결한다

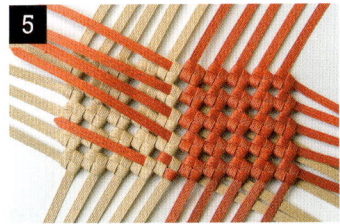

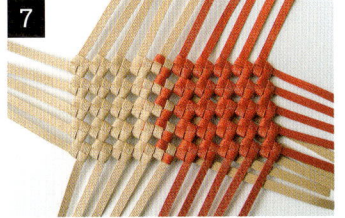

1과 2를 연결한다. → 방향으로 겉코에 연결하므로 1의 왼쪽 끈 (a)를 2의 겉코에 끼워서 안코, 겉코로 한 바퀴를 통과시킨 후 다음 코의 겉코에 끼운다.
★알아보기 쉽게 [5]~[8]까지 끈 색상을 바꿔서 설명합니다.

다음 코에 끼운 후 여분을 잘라낸다.

연결한 모습.

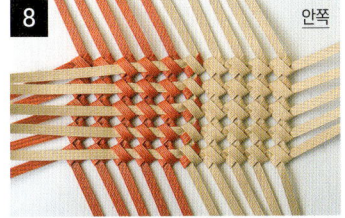

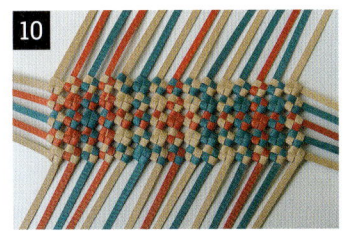

안쪽. 2의 오른쪽 끈은 1의 안코 3코만큼 끼운 후 여분을 잘라낸다.

1 (B)와 2 (A)를 연결한 모습. → 패턴 조각 가

3 (D), 4 (C), 5 (A)를 연결한다. → 패턴 조각 나

6 (B), 7 (E), 8 (D), 9 (B)를 연결한다. → 패턴 조각 다

10 (E), 11 (A), 12 (B)를 연결한다. → 패턴 조각 라

13 (E)는 단독으로 사용해서 패턴 조각 마로 한다.

패턴 조각 가와 나를 → 방향으로 겉코에 연결한다. 패턴 조각 나의 b끈을 가에 통과시켜서 연결한다.

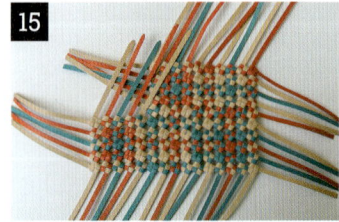

연결한 모습.

다시 패턴 조각 다를 연결한다. 다의 b끈을 나에 통과시켜서 연결한다.

패턴 조각 다를 연결한 모습.

18

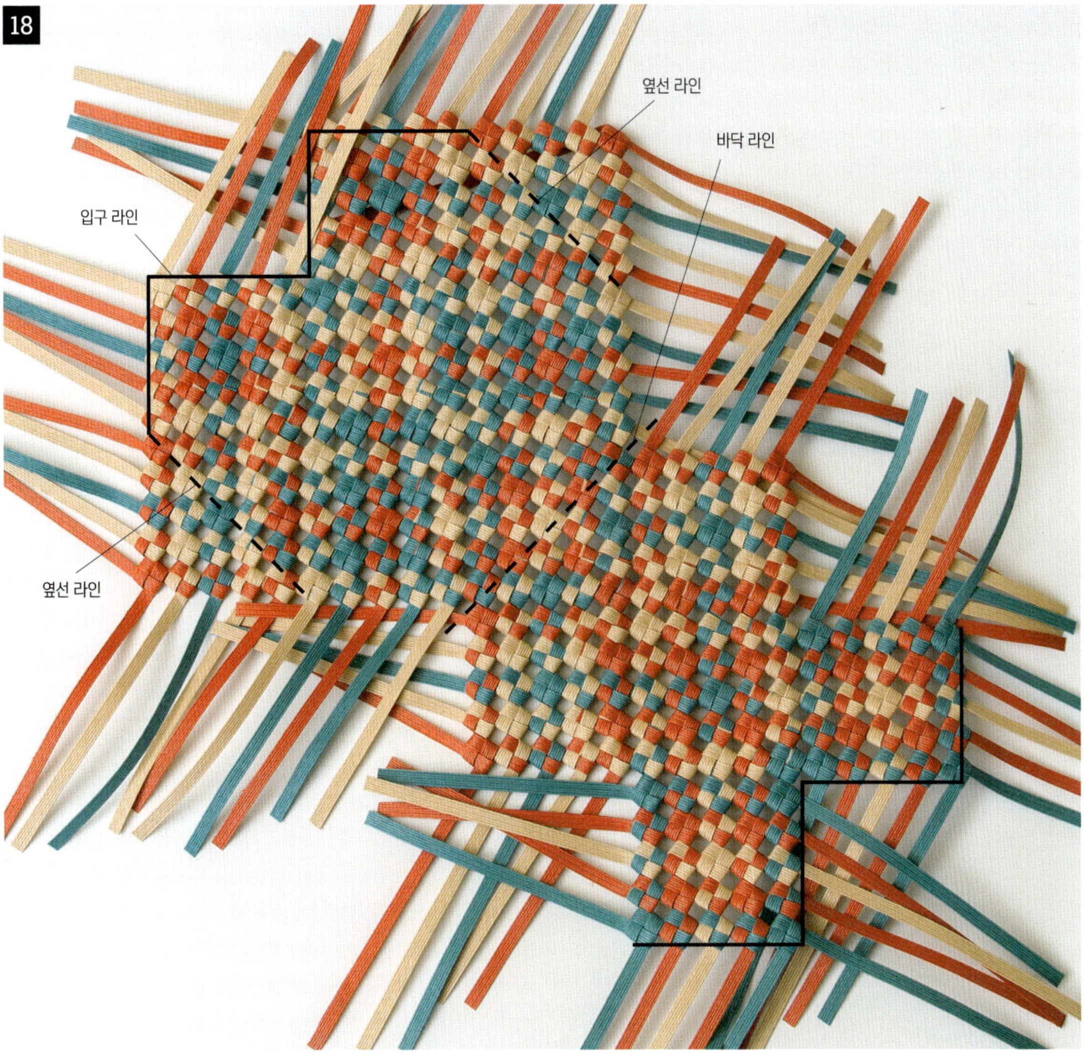

옆선 라인
바닥 라인
입구 라인
옆선 라인

같은 요령으로 패턴 조각 라를 연결하고 11 (A)에 나머지 마 (E)를 연결한다. 패턴 조각을 다 연결한 모습.

19

2와 5, 10과 13의 2변씩([18] 입구 라인 참고) 끈을 처리한다.

20 안쪽

안코 3코만큼 통과시켜서 여분을 잘라낸 모습.

21

7을 비스듬히 접는다. 8과 12, 3과 6이 맞닿는 변(★과 ☆, p.61 전개도 참고)을 연결한다. 먼저 8과 3의 끈을 안쪽으로 접어 넣는다.

63

8과 3의 끈을 각각 마주 보는 12와 6의 안코에 3코씩 조금 느슨하게 통과시킨다. 바닥 쪽에서 2~3단씩 양쪽으로 번갈아가며 연결하면 좋다.

12의 바닥 쪽 끈을 8의 겉코에 통과시킨다. 겉코에 끼우는 끈은 ← 방향으로 연결한다.

겉코에 통과시킬 때는 꽉 잡아당겨 조여서 옆선 부분에 빈틈이나 처짐이 생기지 않게 한다.

다음 코까지 통과시키고 여분을 잘라낸다.

[22]에서 안코에 통과시킨 8의 끈을 잡아당겨 조이고 여분을 잘라낸다.

[22]~[24]와 같은 방법으로 반대쪽도 6의 바닥 쪽 끈을 3의 겉코에 통과시킨다.

안코에 통과시킨 3의 끈을 잡아당겨 조여서 잘라낸다.

양쪽을 번갈아가며 작업해서 12와 8, 6과 3이 맞닿는 변(★과 ☆, p.61 전개도 참고)을 연결한 모습.

12와 9, 6과 1이 맞닿는 변(●과 ○, p.61 전개도 참고)을 연결한다. 9와 1은 비스듬히 반으로 접는다.

손잡이를 단다

[22]~[27]의 요령으로 양쪽을 번갈아가며 연결한다. 12, 6의 끈을 겉코에 통과시켜서 연결한다.

13과 9, 10과 1(■과 □, p.61 전개도 참고)을 연결한다. 10, 13의 끈을 겉코에 통과시켜서 연결한다.

패턴을 다 연결하고 나면 손잡이를 단다. ❻손잡이 안쪽 끈 1줄과 ❼손잡이 겉쪽 끈 1줄로 4겹 손잡이를 달고(p.26) ❽손잡이 감기용 끈으로 감는다.

★사진은 앞에 실린 작품(p.21)과 반대쪽 면을 실었습니다.

Lesson 2

3줄 매듭으로 만들기

에코크래프트 3줄을 사용해서 꽃무늬로 묶는 기법입니다.
2줄 매듭보다 조금 더 어렵지만
멋진 꽃무늬 매듭을 만들 수 있어서 인기가 높아요.
완성했을 때 내구성이 좋아
오래 사용할 수 있다는 점도 매력적이랍니다.

| 14 | 기본 가방　3줄 매듭 | How to make p.73 |

꽃매듭이라고도 부르는 3줄 매듭으로
작은 꽃을 촘촘히 엮은 가방이에요.
다양한 용도로 쓸 수 있고 유행을
타지 않는 디자인입니다.

| 15 | 플랩 가방 | How to make p.78 |

14의 기본 가방에 플랩을 단 작품이에요.
플랩은 자석으로 단단히 고정할 수 있습니다.
회색과 갈색이 잘 어우러져 근사해 보여요!

| 16 | 꽃매듭 가방 | How to make p.80 |

사랑스러운 작은 꽃매듭에 움푹 파인 형태가 절묘하게 어울려요.
조금 긴 가로 모양이 가방을 더 멋있어 보이게 합니다.

| 17 | 꽃매듭 가방·응용 | How to make p.82 |

꽃매듭에 흰색을 추가하여 순수한 사랑스러움을 더했습니다.
기성품 손잡이를 이용해서 어깨에 멜 수 있어요.

| 18 | **사과 바구니** | How to make p.84 |

육각형 바닥을 활용해서 만든 바구니예요.
나뭇잎을 달아 귀엽게 완성했습니다.

| 19 | **배 모양 바구니** | How to make p.86 |

작은 소품을 수납하는 데 안성맞춤이에요.
배 모양을 만들기 위해 새로운 방법이 사용되므로
3줄 매듭 작품에 익숙해진 후에 도전해 보세요.

| 20 | **꽃매듭 그물 가방** | How to make p.89 |

에코크래프트 2가닥으로 만드는 가벼운 가방입니다.
간격을 벌리는 인터벌 기법으로 작은 꽃매듭을 곳곳에 넣어 사랑스러워요.
가방의 테두리에 2줄 매듭을 만들어서 완성도와 내구성까지 높였어요.

Lesson 2

14 기본 가방　3줄 매듭

Size W19cm×H18cm×D10cm

Photo p.66

재료
에코크래프트 라이트 [30m롤]
… 녹갈색 2롤

도구
4쪽 참고

에코크래프트의 재단 폭과 줄 수
❶ 세로 끈 a 6가닥 … 229cm×1줄
❷ 세로 끈 a 6가닥 … 222cm×2줄
❸ 세로 끈 a 6가닥 … 215cm×2줄
❹ 세로 끈 b, c 6가닥 … 200cm×10줄
❺ 세로 끈 b, c 6가닥 … 192cm×4줄
❻ 세로 끈 b, c 6가닥 … 185cm×4줄
❼ 몸판 끈 a 6가닥 … 215cm×9줄
❽ 지지용 끈 b 6가닥 … 89cm×6줄
❾ 손잡이 안쪽 끈 6가닥 … 62cm×2줄
❿ 손잡이 겉쪽 끈 6가닥 … 63cm×2줄
⓫ 손잡이 감기용 끈 2가닥 … 280cm×2줄

재단 도안

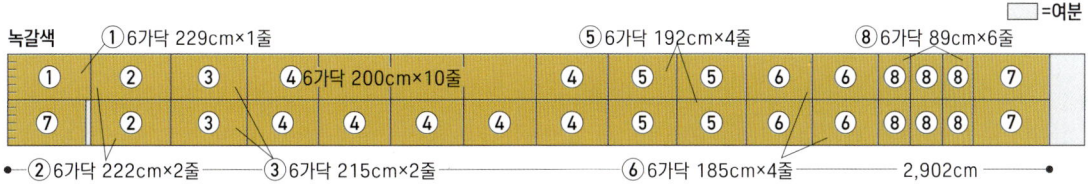

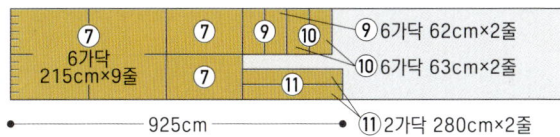

바닥을 만든다　3줄 매듭

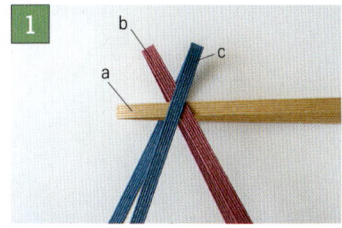

1 ❶세로 끈 a와 ❹세로 끈 b, c를 1줄씩 반으로 접는다. 완만한 V자가 되게 접고 a의 접은 선 부분을 왼쪽으로 해서 b 사이에 끼운다. 다시 c의 사이에 끼운다.

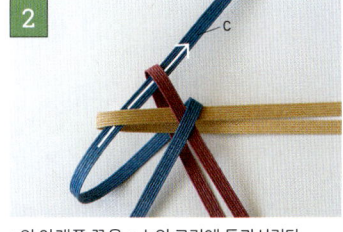

2 c의 아래쪽 끈을 a, b의 고리에 통과시킨다.

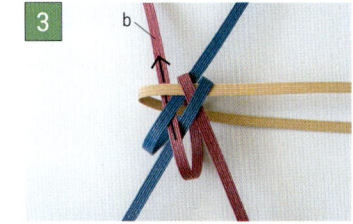

3 b의 아래쪽 끈을 [2]에서 생긴 c, a의 고리에 통과시킨다.

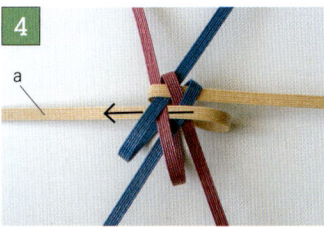

4 a의 아래쪽 끈을 [3]에서 생긴 b, c의 고리에 통과시킨다.

5 골고루 잡아당겨 조인다. 이것이 3줄 매듭이며 중심의 첫코가 된다.

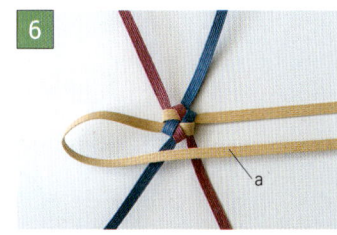

6 2번째 코를 만든다. a의 왼쪽 끈을 뒤쪽으로 살짝 접는다.

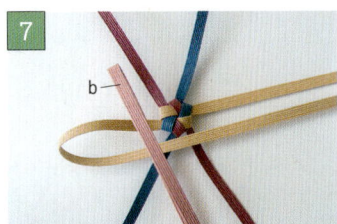

새로운 ④세로 끈 b를 반으로 접어서 a를 사이에 끼운다.

새로운 ④세로 끈 c를 반으로 접어서 a, b 사이에 끼운다. 이때 c의 접은 선 부분과 a에 틈이 생기지 않게 사이에 끼운다.

[2]~[3]과 마찬가지로 c, b를 고리에 통과시킨다.

a끈을 통과시킬 때 2번째 코를 빈틈없이 묶을 수 있게 a의 왼쪽 접은 선 부분을 구부린다.

고리에 통과시킨 끈을 각각 잡아당겨 조인다.

2번째 코가 완성된 모습.
★3줄 매듭은 도톰하고 볼록한 꽃의 분위기를 연출하기 위해서 접은 자국을 내지 않고 묶는다.

새로운 ④세로 끈 b, c 1줄씩 사용해서 같은 방법으로 3번째 코를 묶는다.

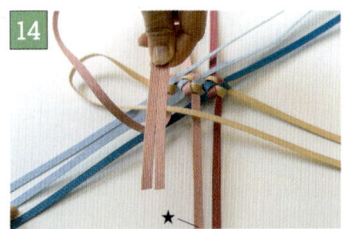

⑤세로 끈 b, c 1줄씩 사용해서 4번째 코를 묶는다. b, c의 끈을 접을 때 끈을 조절한다. 먼저 만든 코(3번째 코)의 b끈 길이(★)에 맞춰서 살짝 접는다.

접은 ⑤ b와 같은 길이(★)로 맞춰서 ⑤ c를 살짝 접는다.

접은 ⑤ b는 맞춘 길이(★)를 위로 하고 ⑤ c는 맞춘 길이(★)를 아래로 해서 배치한 후 [2]~[5]와 같은 방법으로 묶는다.

끈을 조정해서 4번째 코를 묶은 모습.

⑥세로 끈 b, c 1줄씩 사용해서 [14]~[17]과 같은 방법으로 끈을 조절해 접어서 5번째 코를 묶는다.

180도 회전시킨다. [7]~[18]과 같은 방법으로 ④ b, c를 각각 1줄로 중심 첫코의 왼쪽에 2코, ⑤ b, c를 각각 1줄로 1코, ⑥ b, c를 각각 1줄로 1코를 묶는다.

2번째 단을 묶는다. ❷세로 끈 a의 위쪽(★)을 아랫단 a의 끈 끝(☆)과 길이를 맞춰서 접는다.

아랫단의 매듭 사이(끈 2줄이 교차하는 위치)에 ❷ a를 더해서 묶는다.

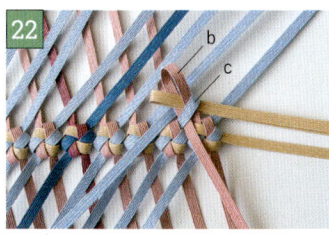

22 b를 앞쪽으로 빼서 뒤쪽으로 살짝 접고 a를 사이에 끼운다. c는 a, b를 감싸듯이 뒤쪽으로 살짝 접는다.

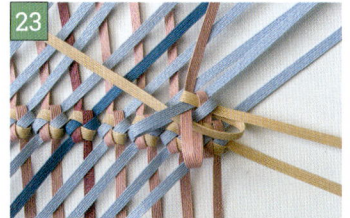

23 [2]~[5]와 같은 방법으로 c, b, a의 순서로 통과시켜 3줄 매듭을 만든다.

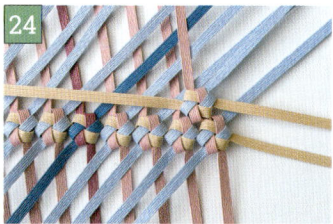

24 2번째 단의 첫코가 완성된 모습.

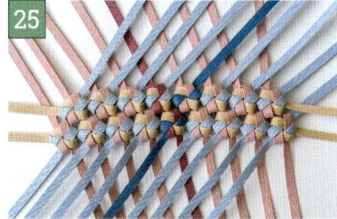

25 똑같은 a를 사용해서 왼쪽으로 8코를 계속 묶는다.

26 ❸세로 끈 a를 사용해서 [20]~[25]와 같은 방법으로 3번째 단 7코를 묶는다.

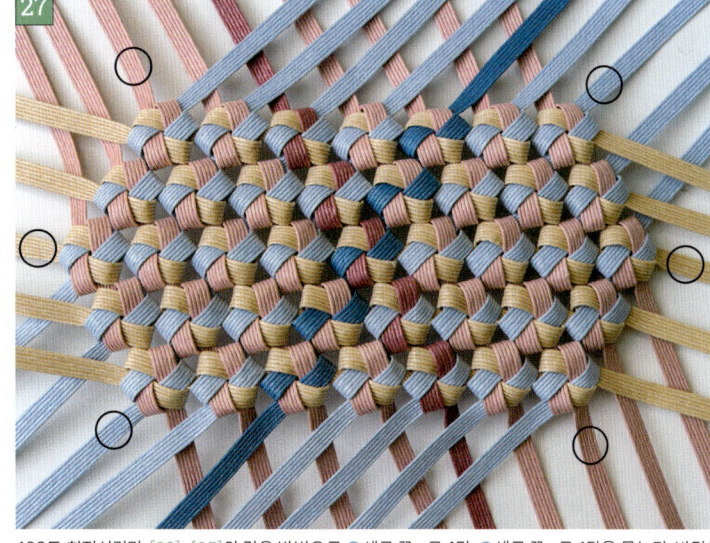

27 180도 회전시킨다. [20]~[25]와 같은 방법으로 ❷세로 끈 a로 1단, ❸세로 끈 a로 1단을 묶는다. 바닥이 완성되었다.

몸판을 만든다

28 ❼몸판 끈 a로 몸판(긴 변)의 중심부터 묶는다. a의 위쪽 끈이 4코 분량의 길이(끝처리 분량)이 되는 위치에서 접는다.

29 바닥의 끈 끝을 b, c로 해서 ❼ a로 3줄 매듭을 만든다.

30 계속 묶어서 3코를 묶은 모습. (모서리 전까지 묶은 모습)

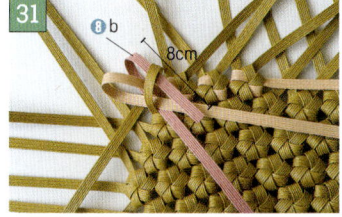

31 모서리에 지지용 끈을 넣는다. ❽지지용 끈 b의 위쪽을 8㎝ 정도 떨어진 위치에서 접고 b로 해서 1코를 묶는다. 지지용 끈을 넣는 위치는 [27]의 ○ 참고.

32 꽉 잡아당긴 모습.

33 [31]~[32]와 같은 방법으로 나머지 모서리 5개에 ❽ b를 더해가며 계속 묶는다. 시작코 3코 전까지 묶은 모습.

34

시작코의 끈 끝(4코만큼 접은 길이)도 함께 묶어서 감싼다. ❶ a를 접을 때 끈 끝을 속에 넣는다.

35

다시 b, c로 사이에 끼워서 3줄 매듭을 만든다.

36

3줄 매듭을 만들어서 끈 끝을 묶어 감싼 모습.

37

같은 방법으로 끈 끝을 감싸서 묶는다.

38

첫단의 마지막 코를 묶는 모습. 이때 a를 다음 코(시작코)에도 통과시킨다.

39

마지막 코를 묶은 후 시작코와 연결한 모습.

40

시작코에 통과시킨 후 안코에 끼워 겉쪽으로 빼내서 다시 다음 코에 통과시킨다. 시작코를 조금 느슨하게 끼우면 좋다.

41

여분의 끈을 잘라낸다.

42

❽ b의 짧은 끈 끝을 처리한다. 안쪽으로 넣어서 안코에 통과시킨다.

43

안코에 통과시킨 모습.

44

나머지 5군데의 지지용 끈을 처리한 모습.

45

새로운 ❼몸판 끈 a 1줄로 2번째 단을 묶는다. 2번째 단은 첫단의 시작 부분과 반대쪽 변에서 묶는다. 모서리의 지지용 끈 끝도 함께 묶어서 감싼다.

테두리를 처리한다

46

나머지 지지용 끈 끝도 같은 방법으로 묶어서 감싼다. 끝부분은 [34]~[41]과 같은 방법으로 시작코와 연결해서 처리한다.

47

새로운 ❼몸판 끈 a 1줄로 7단을 묶어서 총 9단을 묶는다.
★ ❼ a의 시작 부분은 아랫단과 위치를 어긋나게 하면 좋다.

48

세로 끈 c를 안쪽으로 접는다.

같은 방향의 끈을 안쪽으로 3코만큼 통과시킨다.

여분을 잘라낸다.

나머지 세로 끈 b를 안쪽으로 접는다.

손잡이를 단다

안코에 3코만큼 통과시켜서 여분을 잘라낸다. 테두리를 처리한 모습.

중심 6코 분량을 사이에 둔 위치에 손잡이를 단다. ❾손잡이 안쪽 끈 1줄과 ❿손잡이 겉쪽 끈 1줄로 4겹 손잡이를 달고(p.26) ⓫손잡이 감기용 끈으로 감는다.

15 플랩 가방의 재단 도안

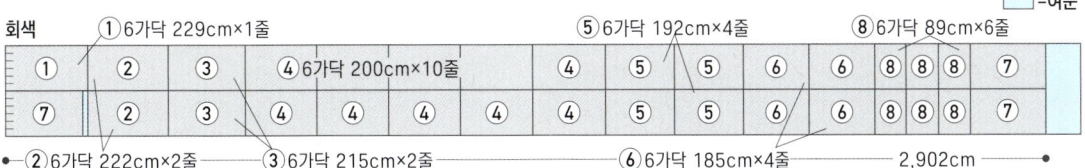

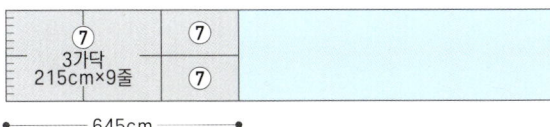

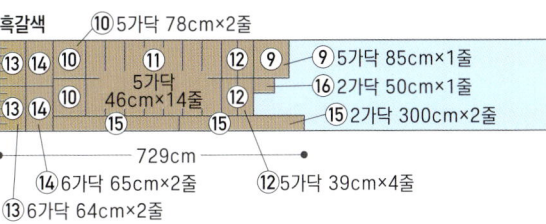

15 플랩 가방

Size W19cm×H18cm×D10cm

Photo p.67

재료
에코크래프트 라이트 [30m롤]
… 회색 2롤, 흑갈색 1롤
자석 단추(14mm) … 1개

도구
4쪽 참고

에코크래프트의 재단 폭과 줄 수

본체 (전부 회색)
① 세로 끈 a 6가닥 … 229㎝×1줄
② 세로 끈 a 6가닥 … 222㎝×2줄
③ 세로 끈 a 6가닥 … 215㎝×2줄
④ 세로 끈 b, c 6가닥 … 200㎝×10줄
⑤ 세로 끈 b, c 6가닥 … 192㎝×4줄
⑥ 세로 끈 b, c 6가닥 … 185㎝×4줄
⑦ 몸판 끈 a 6가닥 … 215㎝×9줄
⑧ 지지용 끈 b 6가닥 … 89㎝×6줄

플랩, 손잡이 (전부 흑갈색)
⑨ 세로 끈 a 5가닥 … 85㎝×1줄
⑩ 세로 끈 a 5가닥 … 78㎝×2줄
⑪ 세로 끈 b, c 5가닥 … 46㎝×14줄
⑫ 세로 끈 b, c 5가닥 … 39㎝×4줄
⑬ 손잡이 안쪽 끈 6가닥 … 64㎝×2줄
⑭ 손잡이 겉쪽 끈 6가닥 … 65㎝×2줄
⑮ 손잡이 감기용 끈 2가닥 … 300㎝×2줄
⑯ 부착용 끈 2가닥 … 50㎝×1줄

재단 도안
77쪽 참고

1 본체를 ①~⑧의 끈을 사용해서 기본 가방과 같은 방법으로 만든다(p.73~77).

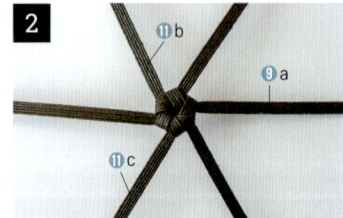

2 플랩을 만든다. ⑨세로 끈 a와 ⑪세로 끈 b, c를 1줄씩 사용해서 3줄 매듭 1코를 묶는다.

3 ⑪세로 끈 b, c를 1줄씩 사용해서 끈을 조절하지 않고 2~4코를 묶는다.

4 ⑫세로 끈 b, c를 1줄씩 사용해서 끈을 조절해가며 5번째 코를 묶는다(p.74 [14]~[17] 참고).

5 5번째 코를 묶은 모습.

6 180도 회전시켜서 ⑪세로 끈 b, c를 1줄씩 왼쪽으로 3코를 묶는다. ⑫세로 끈 b, c를 1줄씩 끈을 조절해가며 1코를 묶는다. 1단 총 9코를 묶은 모습.

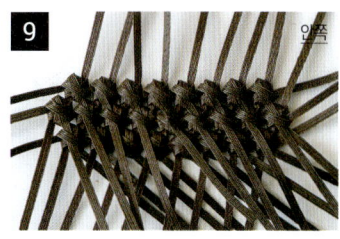

❿ 세로 끈 a 1줄로 2번째 단을 묶는다(p.74 [20]~[25] 참고).

180도 회전시켜서 같은 방법으로 ❿ 세로 끈 a 1줄로 1단을 묶는다.

테두리를 처리한다. c끈을 안쪽으로 구부려서 안 코에 2코를 통과시킨 후 여분을 잘라낸다.

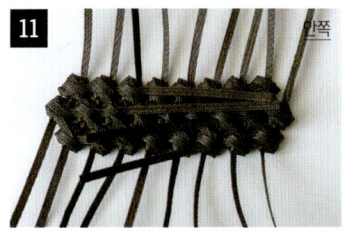

한 변을 처리하고 나면 마주보는 변의 c끈을 같은 방법으로 처리한다.

a끈은 안코 3코씩 통과시켜서 여분을 잘라낸다.

나머지 b끈도 같은 방법으로 안코에 2코를 통과시켜서 여분을 잘라낸다.

손잡이를 단다 / 플랩을 단다

플랩이 완성된 모습.

중심 6코만큼 사이에 둔 위치에 손잡이를 단다. ⓭ 손잡이 안쪽 끈 1줄과 ⓮ 손잡이 겉쪽 끈 1줄로 4겹 손잡이를 달고(p.26) ⓯ 손잡이 감기용 끈으로 감는다.

자석 단추를 가방의 정면, 위쪽에서 3번째 단 중심에 부착한다. 자석 단추의 다리 사이에 3번째 단의 a끈을 끼워 넣고 안쪽에서 접는다.

플랩 가장자리 코의 c끈을 풀어서 자석 단추 다리 사이에 끈을 끼워 넣는다.

자석 단추의 다리를 접어서 고정한 후 풀어낸 끈에 접착제를 발라서 다시 한 번 끼워 넣는다.

자석 단추를 단 반대쪽을 가방 뒷면에 ⓰ 부착용 끈으로 고정한다. ⓰을 사진의 위치에 통과시킨다.

⓰의 왼쪽 끈을 안쪽으로 통과시키고 오른쪽 끈을 사용해 박음질하는 요령으로 플랩과 본체를 꿰맨다.

매듭의 코 둘레를 한 번 둘러 꿰맨 후 안쪽에서 끈 끝을 묶는다. 매듭에 접착제를 발라서 안코에 통과시키고 여분을 잘라낸다.

16 꽃매듭 가방

Size W25cm×H21cm×D10.5cm

Photo p.68

재료
에코크래프트 라이트 [30m롤]
… 남색 2롤

도구
4쪽 참고

에코크래프트의 재단 폭과 줄 수
① 세로 끈 a 6가닥 … 274cm×1줄
② 세로 끈 a 6가닥 … 266cm×2줄
③ 세로 끈 a 6가닥 … 259cm×2줄
④ 세로 끈 b, c 6가닥 … 229cm×14줄
⑤ 세로 끈 b, c 6가닥 … 222cm×4줄
⑥ 세로 끈 b, c 6가닥 … 215cm×4줄
⑦ 몸판 끈 a 6가닥 … 244cm×8줄
⑧ 지지용 끈 b 6가닥 … 104cm×6줄
⑨ 몸판 끈 a 6가닥 … 118cm×6줄
⑩ 손잡이 안쪽 끈 6가닥 … 43cm×2줄
⑪ 손잡이 겉쪽 끈 6가닥 … 44cm×2줄
⑫ 손잡이 감기용 끈 2가닥 … 150cm×2줄

재단 도안

남색 ① 6가닥 274cm×1줄
④ 6가닥 229cm×14줄
⑤ 6가닥 222cm×4줄
② 6가닥 266cm×2줄
③ 6가닥 259cm×2줄
2,950cm
⑧ 6가닥 104cm×6줄
=여분

⑥ 6가닥 215cm×4줄
⑦ 6가닥 244cm×8줄
⑨ 6가닥 118cm×6줄
⑩ 6가닥 43cm×2줄
⑪ 6가닥 44cm×2줄
⑫ 2가닥 150cm×2줄
2,038cm

바닥을 만든다

1 ①세로 끈 a와 ④세로 끈 b, c를 1줄씩 사용해서 3줄 매듭 1코를 묶는다.

2 ④세로 끈 b, c를 1줄씩 사용해서 끈을 조정하지 않고 2~4코를 묶는다.

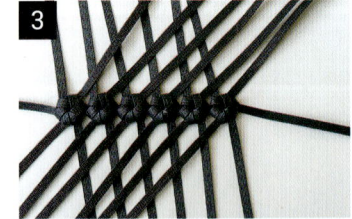

3 ⑤세로 끈 b, c 각 1줄로 5번째 코, ⑥세로 끈 b, c 각 1줄로 6번째 코를 묶는다. 이때 ⑤ b, c와 ⑥ b, c는 끈을 조정해가며 묶는다(p.74 [14]~[17] 참고).

4 180도 회전시킨다. [2]~[3]과 같은 방법으로 ④세로 끈 b, c를 1줄씩 사용해서 중심의 첫코 왼쪽에 3코, ⑤세로 끈 b, c 각 1줄로 1코, ⑥세로 끈 b, c 각 1줄로 1코를 묶는다. 총 11코를 묶은 모습.

5 ②세로 끈 a 1줄로 1단(10코)을 묶은 후 ③세로 끈 a 1줄로 1단(9코)을 묶는다.

6 180도 회전시킨다. [5]와 같은 방법으로 ②세로 끈 a로 1단(10코)을 묶은 후 ③세로 끈 a로 1단(9코)을 묶는다. 바닥이 완성되었다.

몸판을 만든다

❼ 몸판 끈 a로 몸판(긴 변)의 중심부터 묶는다. a의 위쪽 끈이 4코 분량의 길이가 되는 위치에서 접는다.

모서리에 ❽ 지지용 끈 b를 넣어서 코를 늘린다. ❽ b의 위쪽에서 8㎝ 정도 떨어진 위치에서 접고 b로 해서 묶는다.

나머지 모서리 5군데에 ❽ b를 1줄씩 더해가며 1단을 묶어서 ❼ a를 처리한다(p.75 [34]~[44]).

❼ 몸판 끈 a 1줄로 다시 7단을 묶어서 총 8단을 묶는다(p.75 [45]~[46]).
★❼ a의 시작 부분은 아랫단과 위치를 어긋나게 하면 좋다.

❾ 몸판 끈 a 1줄로 9번째 단을 묶는다. 8단의 중심코(● 부분)에서 왼쪽으로 2코만큼 사이를 둔 위치에서 묶기 시작한다.

묶은 모습. 총 11코를 계속 묶는다.

반대쪽 정면도 같은 위치(중심코에서 오른쪽으로 2코만큼 떨어진 곳)에서 묶는 것을 멈춘다.

9번째 단의 다른 한쪽도 ❾ a 1줄을 사용해서 같은 방법으로 가운데를 비우고 11코를 묶는다.

10번째 단은 아랫단에서 다시 1코씩 가운데를 비우고 ❾ a 1줄로 각각 10코씩 묶는다. 11번째 단도 아랫단에서 다시 1코씩 가운데를 비우고 ❾ a 1줄로 각각 9코씩 묶는다.

테두리를 처리한다

16 안쪽

c끈을 처리한다. 안쪽으로 접어서 안코에 3코만 큼 통과시킨다. 여분을 잘라낸다.

17 안쪽

a끈을 처리한다. 안쪽으로 접어서 안코에 3코만 큼 통과시킨다. 여분을 잘라낸다.

18 안쪽

b끈을 처리한다. 안쪽으로 접어서 안코에 3코만 큼 통과시킨다. 여분을 잘라낸다.

손잡이를 단다

19

테두리를 처리한 모습.

20

❿손잡이 안쪽 끈 1줄과 ⓫손잡이 겉쪽 끈 1줄 로 4겹 손잡이를 맨 윗단에 단다(p.26).

21

⓬손잡이 감기용 끈으로 감는다. 다른 한쪽도 같 은 방법으로 ❿⓫을 사용해 손잡이를 달고 ⓬로 감는다.

---

17 꽃매듭 가방 · 응용
Size W25cm×H21cm×D10.5cm

Photo p.69

재료
에코크래프트 라이트 [30m롤]
… 살구색 2롤, 흰색 1롤
걸고리 손잡이
… 48㎝×2줄

도구
4쪽 참고

에코크래프트의 재단 폭과 줄 수
❶ 세로 끈 a 살구색 / 6가닥 … 274㎝×1줄
❷ 세로 끈 a 살구색 / 6가닥 … 266㎝×2줄
❸ 세로 끈 a 살구색 / 6가닥 … 259㎝×2줄
❹ 세로 끈 b, c 살구색 / 6가닥 … 229㎝×14줄
❺ 세로 끈 b, c 살구색 / 6가닥 … 222㎝×4줄
❻ 세로 끈 b, c 살구색 / 6가닥 … 215㎝×4줄
❼ 몸판 끈 a 살구색 / 6가닥 … 244㎝×7줄
　　　　　흰색 / 6가닥 … 244㎝×1줄
❽ 지지용 끈 b 살구색 / 6가닥 … 104㎝×6줄
❾ 몸판 끈 a 흰색 / 6가닥 … 118㎝×6줄

1

2

기성품 손잡이를 옆쪽에 단다.

움푹 파인 모양의 가방 [1]~[19](p.80~)와 같은 방법으로 가방을 만든다. 몸판을 만들 때는 1~7단을 ❼ a(살구색) 7줄로 묶고 8번째 단은 ❼ a(흰색)로 묶는다. 9~11번째 단은 ❾ a(흰색)로 묶는다.

17 꽃매듭 가방·응용의 재단 도안

살구색 　　①6가닥 274cm×1줄　　　　　　　　　　　　　　　　　　　　　　　　　□=여분

| ① | ② | ③ | ④ 6가닥 229cm×14줄 | ④ | ④ | ④ | ④ | ⑤ 6가닥 222cm×4줄 | ⑧ |
| ⑧ ⑧ | ② | ③ | | ④ | ④ | ④ | ④ | | ⑧ |

●—②6가닥 266cm×2줄—●—③6가닥 259cm×2줄—●————2,950cm————●—⑧6가닥 104cm×6줄—●

| ⑥ 6가닥 215cm×4줄 | ⑧ | ⑦ 6가닥 244cm×7줄 | ⑦ | ⑦ | |
| | ⑧ | | | | |

●————————1,510cm————————●

흰색

| ⑨ | ⑦ | |
| ⑨ | ⑨ | |

⑦6가닥 244cm×1줄
⑨6가닥 118cm×6줄

●———480cm———●

18 사과 바구니의 재단 도안

빨간색　　　　　　　　　　　　　　　　　　　　　　　　　　　　　　　　　　　□=여분

①	② 4가닥 114cm×6줄	③ 4가닥 108cm×6줄	④ 4가닥 102cm×6줄	⑤ 4가닥 96cm×6줄	⑥ 4가닥 188cm×4줄	⑥	⑦⑦⑦
①							⑦⑦⑦
①							

●—①4가닥 120cm×3줄—●————1,336cm————●　⑦4가닥 40cm×6줄—●

연두색

| ⑧ | |

⑧2가닥 100cm×1줄

●—● 100cm

18 사과 바구니

Size 안지름 13cm(바깥지름 16.5cm)×H2.5cm

Photo p.70

재료
에코크래프트 라이트 [30m롤]
… 빨간색 1롤, 연두색 1롤

도구
4쪽 참고

재단 도안
83쪽 참고

에코크래프트의 재단 폭과 줄 수
① 세로 끈 a, b, c 4가닥 … 120cm×3줄
② 세로 끈 b, c 4가닥 … 114cm×6줄
③ 세로 끈 b, c 4가닥 … 108cm×6줄
④ 세로 끈 b, c 4가닥 … 102cm×6줄
⑤ 세로 끈 a, b, c 4가닥 … 96cm×6줄
⑥ 옆면 끈 a 4가닥 … 188cm×4줄
⑦ 지지용 끈 b 4가닥 … 40cm×6줄
⑧ 잎 연두색 4가닥 … 100cm×1줄

※ 지정한 색상 외에는 전부 빨간색

바닥을 만든다

1 ① 세로 끈 a, b, c를 1줄씩 사용해서 3줄 매듭 1코를 묶는다.

2 ② 세로 끈 b, c를 1줄씩 사용해서 끈을 조절하며(p.74 [14]~[16]) 왼쪽으로 1코를 묶는다.

3 ③~⑤ 세로 끈 b, c를 1줄씩 사용해서 3번째 코, 4번째 코, 5번째 코를 [2]와 같은 방법으로 끈을 조절해가며 묶는다.

4 180도 회전시킨다. [2]~[3]과 같은 방법으로 ②~⑤ 세로 끈 b, c를 1줄씩 사용해서 4코를 묶는다. 총 9코를 묶은 모습.

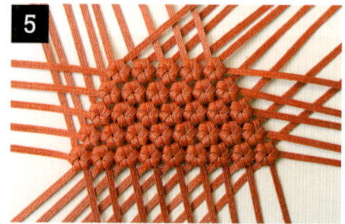

5 ② 세로 끈 a로 1단(8코), ③ 세로 끈 a로 1단(7코), ④ 세로 끈 a로 1단(6코), ⑤ 세로 끈 a로 1단(5코)을 묶는다.

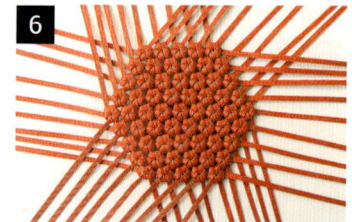

6 180도 회전시킨다. [5]와 같은 방법으로 ②~⑤ 세로 끈 a를 1줄씩 사용해서 4단을 묶는다. 바닥이 완성되었다.

옆면을 만든다

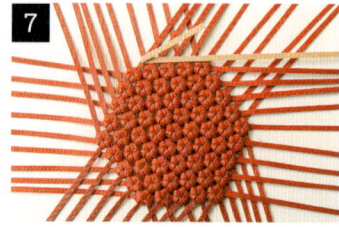

7 ⑥ 옆면 끈 a로 옆면(긴 변)의 왼쪽 가장자리에서 2번째 코부터 묶는다. a의 위쪽 끈이 4코 분량의 길이가 되는 위치에서 접는다.

8 모서리는 ⑦ 지지용 끈 b의 위쪽을 8cm 정도 떨어진 위치에서 접고 b로 해서 묶는다.

9 ⑦ b를 모서리에 1줄씩 더해가며 ⑥ a로 1단을 묶는다. 마지막 3코는 시작 부분의 끈 끝을 감싸서 묶고, 시작 부분에서 2코 앞쪽의 코까지 통과시켜서 처리한다(p.75 [31]~[46]).

❻ a 1줄로 4단을 묶는다.

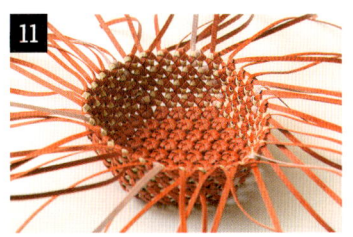

겉쪽과 안쪽을 뒤집어서 바구니의 안쪽이 매듭의 겉쪽이 되게 한다.

테두리를 2단만큼 겉쪽으로 되접어 꺾는다.

b끈을 바닥 쪽의 안코에 3코만큼 통과시켜서 처리한다.

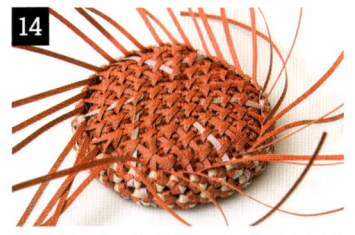

b끈을 처리한 모습. 똑같은 안코에 통과시켜서 처리하는 끈도 있다.

c끈을 처리한다.

잎을 만든다

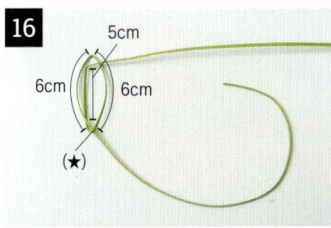

❽ 잎을 가장자리에서 25㎝(★), 6㎝, 6㎝, 5㎝ 떨어진 위치에서 접고 6㎝와 6㎝로 잎의 모양을 만든다.

25㎝와 잎 연결 부분을 마스킹테이프 등으로 임시 고정한 후 화살표와 같이 잎의 프레임에 걸어가며 되돌려뜨기를 한다.

잎을 메우듯이 끈을 걸친 후 2㎝ 정도 남기고 잘라낸다.

끈 끝을 안쪽에서 접착제로 고정한다. 그런 다음 그 위에 끈 2㎝(잘라낸 나머지)를 붙인다. 3겹이 된다.

바구니 테두리의 코 사이에 끼워 넣는다.

끈을 되접어 꺾어 아래쪽에서 위쪽으로 감는다.

다 감으면 끝부분을 안쪽에 통과시켜서 여분을 잘라낸다.

완성.

19 배 모양 바구니

Size W17cm(바닥)×H7cm×D7cm

Photo p.71

재료
에코크래프트 라이트 [30m롤]
… 살구색 1롤

도구
4쪽 참고

에코크래프트의 재단 폭과 줄 수
① 세로 끈 a 4가닥 … 154cm×1줄
② 세로 끈 a 4가닥 … 148cm×2줄
③ 세로 끈 a 4가닥 … 143cm×2줄
④ 세로 끈 b, c 4가닥 … 108cm×18줄
⑤ 세로 끈 b, c 4가닥 … 103cm×4줄
⑥ 세로 끈 b, c 4가닥 … 97cm×4줄
⑦ 옆면 끈 a 4가닥 … 171cm×2줄
⑧ 지지용 끈 b 4가닥 … 46cm×4줄
⑨ 옆면 끈 a 4가닥 … 165cm×2줄
⑩ 옆면 끈 a 4가닥 … 148cm×2줄
⑪ 옆면 끈 a 4가닥 … 131cm×2줄
⑫ 옆면 끈 a 4가닥 … 114cm×2줄
⑬ 손잡이 안쪽 끈 6가닥 … 32cm×2줄
⑭ 손잡이 겉쪽 끈 6가닥 … 33cm×2줄
⑮ 손잡이 감기용 끈 2가닥 … 110cm×2줄

재단 도안

바닥을 만든다

1 ①세로 끈 a와 ④세로 끈 b, c를 1줄씩 사용해서 3줄 매듭 1코를 묶는다.

2 ④세로 끈 b, c를 1줄씩 사용해서 끈을 조절하지 않고 2~5코를 묶는다.

3 ⑤세로 끈 b, c 각 1줄로 6번째 코, ⑥세로 끈 b, c 각 1줄로 7번째 코를 묶는다. 이때 ⑤ b, c와 ⑥ b, c는 끈을 조절해서 묶는다(p.74 [14]~[17] 참고).

4 180도 회전시킨다. [2]~[3]과 같은 방법으로 ④세로 끈 b, c를 1줄씩 사용해서 중심의 첫코 왼쪽에 4코, ⑤세로 끈 b, c 각 1줄로 1코, ⑥세로 끈 b, c 각 1줄로 1코, 총 6코를 묶는다.

5 ②세로 끈 a로 1단(12코)를 묶는다. ③세로 끈 a로 1단(11코)를 묶는다. 이때 ② a, ③ a는 아랫단 a끈 끝과 길이를 맞춰서 접는다(p.74 [20]~[24] 참고).

6 180도 회전시킨다. [5]와 같은 방법으로 ②세로 끈 a를 사용해서 1단(12코), ③세로 끈 a로 1단(11코)을 묶는다. 바닥이 완성되었다.

옆면을 만든다

❼옆면 끈 a 1줄로 사진의 위치(짧은 변의 중심 코 앞)에서 묶는다. a의 위쪽이 39cm가 되는 위치에서 접는다.

3줄 매듭을 묶은 모습. 모서리 앞쪽까지 계속 묶는다.

위아래 모서리 4군데에 ❽지지용 끈 b를 넣어서 코를 늘린다. ❽ b의 위쪽을 5cm 정도 떨어진 위치에서 접고 b로 해서 묶는다.

매듭을 묶은 모습.

모서리에 ❽ b를 넣고 ❼ a를 시작 부분과 반대쪽까지 16코를 묶는다.

180도 회전시켜서 나머지 ❼옆면 끈 a를 [7]과 같은 위치에서 묶는다. [7]과 같은 방법으로 위쪽이 39cm가 되는 위치에서 접고 모서리에 ❽ 지지용 끈 b를 넣어서 16코를 묶는다.

바닥 양옆의 묶고 남은 코 위쪽에 3줄 매듭을 만든다.

매듭을 묶은 모습.

다른 한쪽의 옆쪽도 묶는다.

지지용 끈의 끝을 처리한다. 안쪽으로 넣어서 안 코에 통과시킨다.

❽옆면 끈 a 1줄로 2번째 단 절반을 둘러 묶는다. ❽ a의 위쪽이 33cm가 되는 위치에서 접고 아랫단의 시작코 위쪽([15] ①참고)에서 묶는다. 모서리의 지지용 끈 끝도 감싸며 계속 묶는다.

2번째 단을 계속 묶어서 총 17코를 묶는다.

19
나머지 ❾옆면 끈 a도 같은 방법으로 아랫단의 시작코 위쪽([15] ② 참고)에서 17코를 묶는다.

20
양옆의 묶고 남은 코 위쪽에 3줄 매듭을 만든다.

21
매듭을 묶은 모습.

22
❿옆면 끈 a 1줄로 3번째 단을 묶는다. 아랫단의 시작코 위쪽에서 ❿ a의 위쪽이 28cm가 되는 위치에서 접어 3줄 매듭을 만든다.

23
18코를 묶고 나면 나머지 ❿ a도 같은 방법으로 18코를 묶는다.

24
양옆의 묶고 남은 코 위쪽에 3줄 매듭을 만든다.

25
매듭을 묶은 모습.

26
⓫옆면 매듭 a 1줄로 4번째 단을 묶는다. 아랫단의 시작코 위쪽에서 ⓫ a의 위쪽이 11cm가 되는 위치에서 접고 각각 19코를 묶는다.
★양옆의 묶고 남은 코 위쪽에 3줄 매듭을 만들지 않는다.

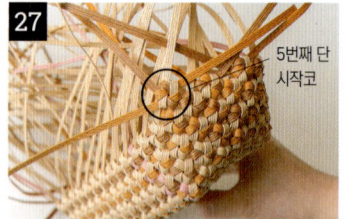

27
⓬옆면 끈 a 1줄로 5번째 단을 묶는다. 사진의 위치(지지용 끈의 코 부분)에서 ⓬ a의 위쪽이 11cm가 되는 위치에서 접고 16코를 묶는다.

5번째 단 시작코

28
⓬ a 1줄로 16코씩 묶은 모습.

29
5번째 단까지 묶은 모습의 옆면 부분. 옆을 묶고 남겼기 때문에 평평해졌다.
★5번째 단을 알아보기 쉽게 [28]과 색을 바꿨다.

테두리를 처리한다

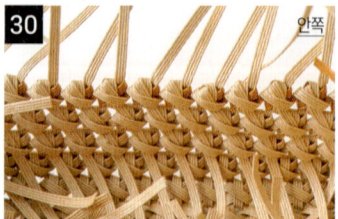

30
안쪽
b끈을 처리한다. 안쪽으로 접어서 안코에 3코만큼 통과시킨다. 여분을 잘라낸다.

31
안쪽
a끈을 처리한다. 안쪽으로 접어서 안코에 3코만큼 통과시킨다. 여분을 잘라낸다.

32
안쪽
c끈을 처리한다. 안쪽으로 접어서 안코에 3코만큼 통과시킨다. 여분을 잘라낸다.

33
옆쪽에 손잡이를 단다. ⓭손잡이 안쪽 끈 1줄과 ⓮손잡이 겉쪽 끈 1줄로 4겹 손잡이를 달고(p.26) ⓯손잡이 감기용 끈으로 감는다.

Lesson 2

20 꽃매듭 그물 가방
Size W32cm×H23cm×D5cm   Photo p.72

재료
에코크래프트 라이트 [30m롤]
… 암적색 1롤

도구
4쪽 참고

에코크래프트의 재단 폭과 줄 수
① 세로 끈 a 2가닥 … 182cm×1줄
② 세로 끈 a 2가닥 … 176cm×2줄
③ 세로 끈 b, c 2가닥 … 149cm×14줄
④ 세로 끈 b, c 2가닥 … 143cm×4줄
⑤ 몸판 끈 a 2가닥 … 149cm×10줄
⑥ 지지용 끈 b 2가닥 … 77cm×6줄
⑦ 손잡이 안쪽 끈 8가닥 … 52cm×2줄
⑧ 손잡이 겉쪽 끈 8가닥 … 53cm×2줄
⑨ 손잡이 감기용 끈 2가닥 … 280cm×2줄

재단 도안

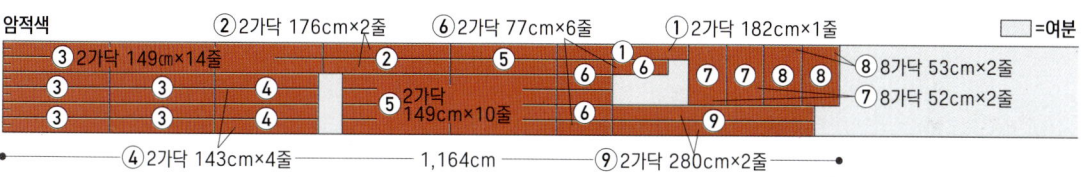

바닥을 만든다

1 25가닥(폭 3cm) 게이지(재료 외)를 만든다.
★ 줄 수는 사용하는 색에 따라 차이가 있으므로 폭 3cm가 되게 조절한다.

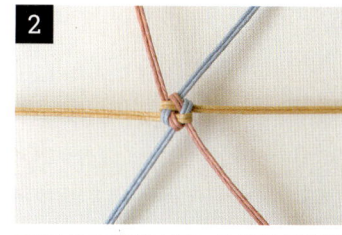

2 ① 세로 끈 a와 ③ 세로 끈 b, c를 1줄씩 사용해서 3줄 매듭 1코를 만든다.

3 게이지를 사용하여 a끈을 중심코에서 3cm 정도 떨어진 위치에서 접는다.

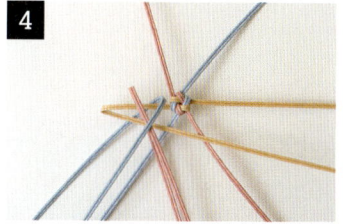

4 ③ b, c 각 1줄을 반으로 접어서 1코를 묶는다.

5 2번째 코를 묶은 모습.

6 ③ b, c를 1줄씩 사용해서 3번째 코, 4번째 코를 같은 방법으로 묶는다.

89

❹ b, c를 1줄씩 사용해서 끈을 조절해가며(p.74 [14]~[16]) 왼쪽으로 1코를 묶는다.

180도 회전시킨다. [3]~[7]과 같은 방법으로 ❸ b, c 각 1줄로 3코, ❹ b, c 각 1줄로 1코를 묶는다.

2번째 단을 묶는다. 게이지를 사용하여 b, c끈을 3㎝ 정도 떨어진 위치에서 접는다. b끈을 접는 모습.

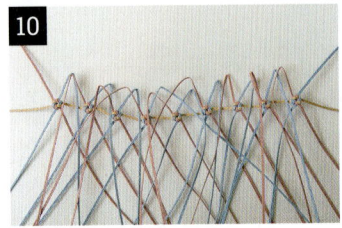

c끈도 같은 방법으로 전부 접은 자국을 낸다.

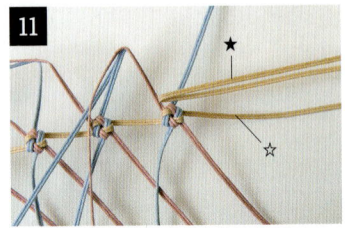

❷세로 끈 a로 2번째 단을 묶는다. ❷ a의 위쪽 끈(★)을 아랫단 a의 끈 끝(☆)과 길이를 맞춰서 접는다.

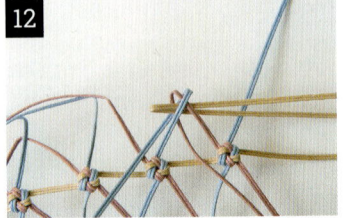

첫단의 코 사이에 1코를 묶는다.

a끈을 게이지로 해서 간격을 벌려가며 왼쪽으로 8코를 묶는다.

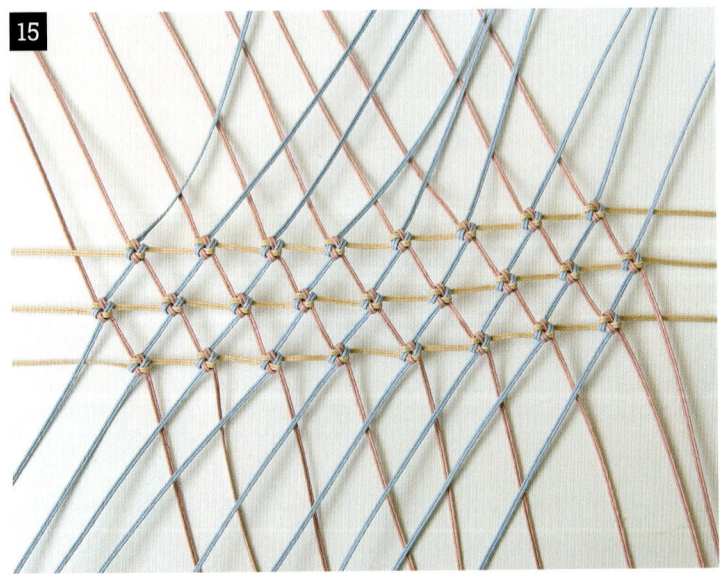

180도 회전시켜서 ❷ a 1줄을 사용해 같은 방법으로 1단을 묶는다. 바닥이 완성되었다.

2번째 단을 묶은 모습.

몸판을 만든다

❺몸판 끈 a로 몸판(긴 변)의 중심에서 묶는다. a의 위쪽 끈이 3코 분량의 길이가 되는 위치에서 접는다.

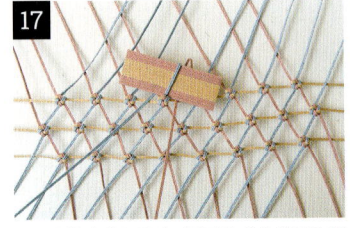

b, c 방향의 세로 끈에 게이지를 사용해 접은 자국을 낸다.

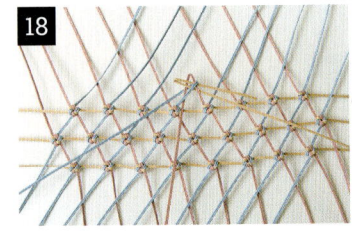

3줄 매듭을 만든다.

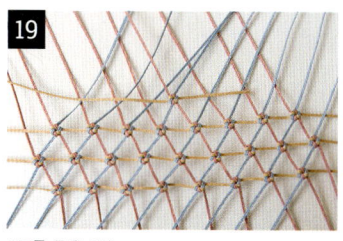
1코를 묶은 모습.

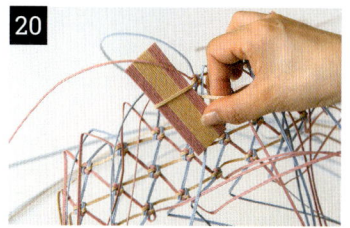
b, c 방향의 세로 끈에 게이지를 사용해 전부 접은 자국을 내고, 바닥을 묶을 때와 같은 방법으로 a끈에 접은 자국을 내며 계속 묶는다.

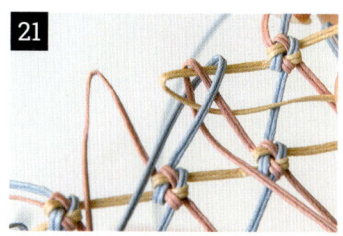
2번째 코를 묶는 모습.

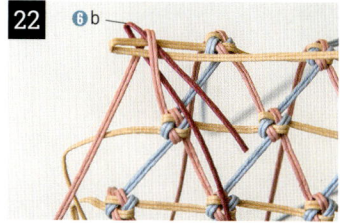
모서리는 ❻지지용 끈 b 1줄의 위쪽을 5cm 길이로 접고 b로 해서 묶는다.

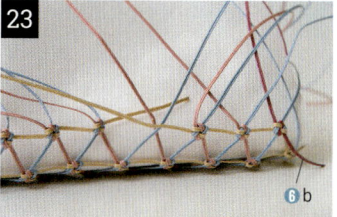
나머지 모서리 5군데도 같은 방법으로 ❻ b를 더해가며 계속 묶는다.

마지막 코는 시작 부분의 끈 끝을 감싸서 묶는다.

매듭을 묶은 모습. 다음 코(시작코)에 a끈을 통과시킨 후 처리한다.

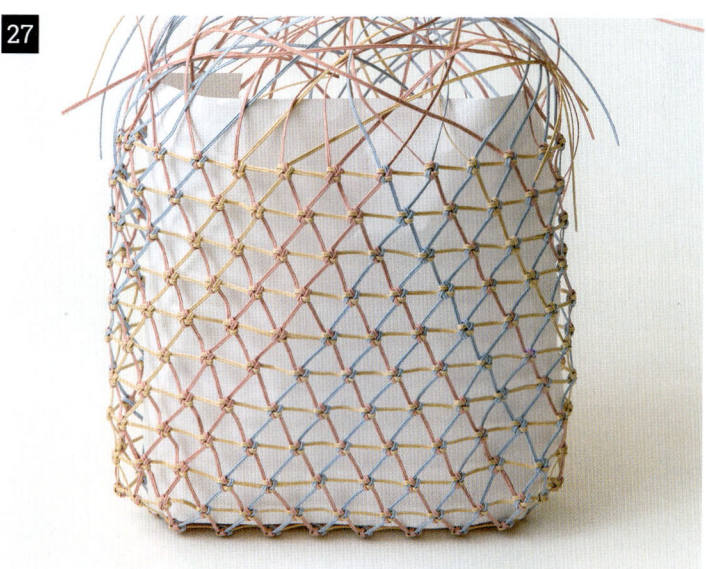

매듭을 조금 느슨하게 해서 a끈을 통과시키고 여분을 잘라낸다.

❻ a 1줄로 9단을 묶어서 총 10단을 묶는다. 2번째 단을 묶을 때 모서리 지지용 끈의 끝을 감싸서 묶는다 (p.76 [45]~[46]).

테두리를 처리한다

3줄 매듭의 코 사이에 2줄 매듭 3개를 넣는다. 먼저 3줄 매듭의 코에서 나온 왼쪽 끈을 a끈으로 해서 접는다. 이때 테두리의 끈(a의 인터벌)에 건다.

오른쪽 끈을 b끈으로 한다. 이때 접은 a를 한 번 감은 후에 2줄 매듭을 만든다.

2줄 매듭을 만드는 모습.

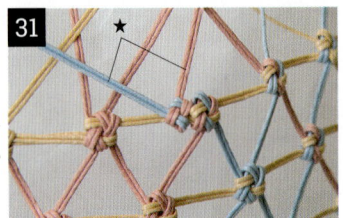
31 테두리의 끈에 2줄 매듭을 만든 모습.

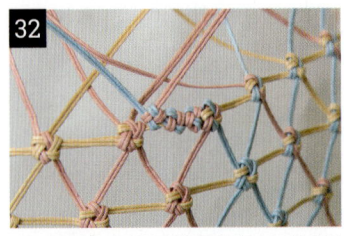
32 같은 끈(★)을 사용해서 같은 방법으로 2줄 매듭 2코를 묶는다.

33 2줄 매듭에 사용한 끈 2줄(★)을 왼쪽에 걸친다. [28]~[30]과 같은 방법으로 2줄 매듭을 만든다.

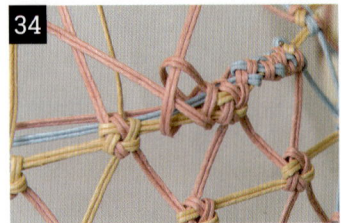
34 테두리의 끈과 걸친 끈(★) 3줄을 감싸며 2줄 매듭을 만드는 모습.

35 1코를 묶은 모습.

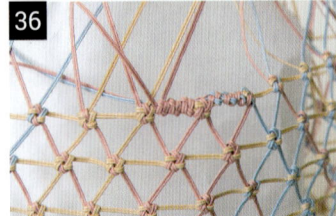
36 같은 방법으로 테두리의 끈 3줄을 감싸며 2코를 묶는다.

37 2줄 매듭에 사용한 끈 2줄을 왼쪽에 걸치고 다음도 같은 방법으로 계속 묶는다. 처음에 걸친 끈(★)은 피한다.

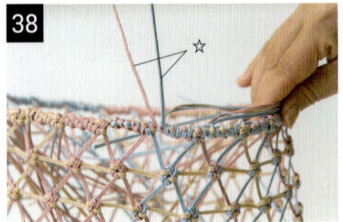
38 같은 방법으로 한 바퀴를 둘러 묶는다. 테두리의 끈에 걸친 끈 2줄은 3코만큼 감싸 묶은 후 여분을 잘라낸다. 마지막까지 묶은 모습.

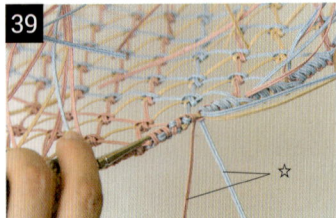
39 끝부분의 끈(☆)을 처음에 묶은 3코의 안코에 통과시킨다.

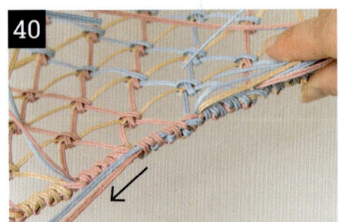
40 통과시킨 모습. 남은 끈을 잘라낸다.

손잡이를 단다

41 테두리에 2줄 매듭을 둘러 묶어서 처리한 모습.

42 ❼ 손잡이 안쪽 끈 1줄과 ❽ 손잡이 겉쪽 끈 1줄을 사용해서 4겹 손잡이를 달고(p.26) ❾ 손잡이 감기용 끈으로 감는다.

Lesson 3

4줄 매듭으로 만들기

에코크래프트 4줄로 8겹 꽃매듭을 만드는 기법입니다.
끈의 수가 늘어나서 복잡하기 때문에
3줄 매듭에 익숙해진 후에 도전해 보세요.
4줄 매듭은 묶는데 시간이 오래 걸리지만
만족도가 높은 작품으로 완성된답니다.

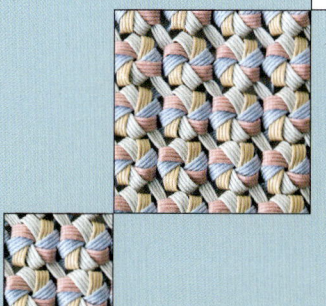

| 21 | 기본 가방　4줄 매듭 | How to make p.98 |

4줄 매듭은 에코크래프트 4줄로
꽃매듭을 만드는 기법이에요.
8겹의 꽃과 2줄 매듭을 조합하여
중후하고 세련된 분위기를 연출합니다.
모노톤의 감각적인 디자인입니다.

| 22 | 8겹 매듭 가방・L사이즈 | How to make p.103 |

기본 가방을 큰 사이즈로 만들어서
존재감이 두드러지는 외출 가방으로 완성했습니다.
크기가 큰 만큼 활용도가 높습니다.

| 23 | **8겹 매듭 그물 가방** | How to make p.106 |

올록볼록 도드라지는 8겹의 작은 꽃매듭이 귀여워요.
8겹 매듭(4줄 매듭)은 전통적인 느낌도 있지만
에코크래프트의 색상에 따라 모던한 인상을 줄 수 있어요.

24 8겹 매듭 그물 가방·응용

How to make p.110

23의 8겹 매듭 그물 가방에 흰 선을 추가했습니다.
로맨틱한 분홍색과 흰색으로
귀엽고 여성스러운 느낌을 연출해 보세요.

21 기본 가방　4줄 매듭

Size W19cm×H12cm×D9cm

Photo p.94

재료
에코크래프트 스탠더드 [30m롤]
… 칠흑색 1롤, 흰색 1롤

도구
4쪽 참고

에코크래프트의 재단 폭과 줄 수
❶ 세로 끈 a 칠흑색 / 4가닥 … 160cm×3줄
❷ 세로 끈 c 칠흑색 / 4가닥 … 120cm×8줄
❸ 세로끈 bd 흰색 / 4가닥 … 205cm×12줄
❹ 세로 끈 bd 흰색 / 4가닥 … 193cm×4줄
❺ 세로 끈 bd 흰색 / 4가닥 … 181cm×4줄
❻ 세로 끈 bd 흰색 / 4가닥 … 169cm×4줄
❼ 몸판 끈 a 칠흑색 / 4가닥 … 232cm×4줄
❽ 지지용 끈 bd 흰색 / 4가닥 … 97cm×4줄
❾ 지지용 끈 c 칠흑색 / 4가닥 … 48cm×4줄
❿ 손잡이 안쪽 끈 칠흑색 / 4가닥 … 53cm×2줄
⓫ 손잡이 겉쪽 끈 칠흑색 / 4가닥 … 54cm×2줄
⓬ 손잡이 감기용 끈 칠흑색 / 2가닥 … 200cm×2줄

재단 도안

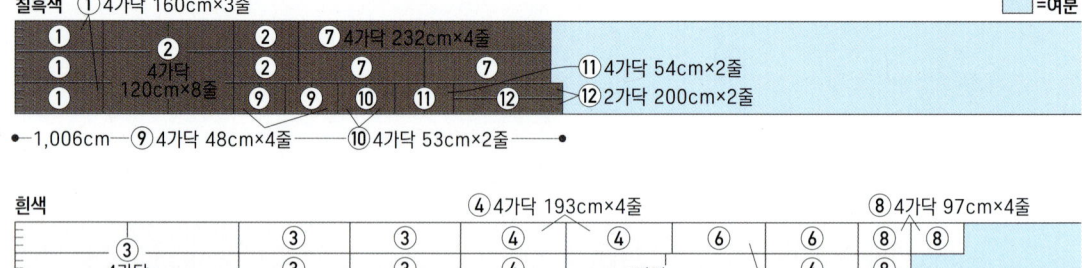

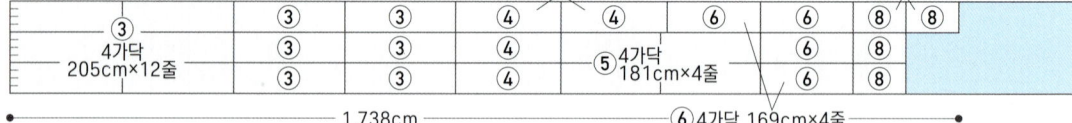

바닥을 만든다　4줄 매듭

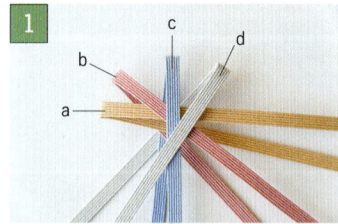

1 세로 끈 ❶ a, ❸ b, ❷ c, ❸ d를 1줄씩 반으로 살짝 접고 a를 b 사이에 끼워 넣는다. 그런 다음 b를 c 사이에 끼우고 c를 d 사이에 끼워 넣는다.

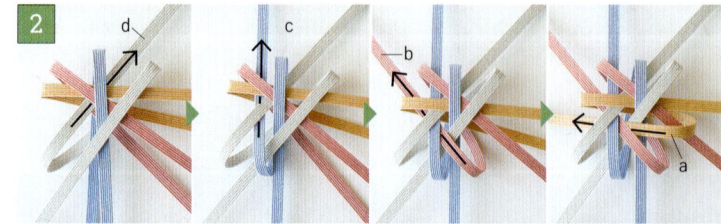

2 3줄 매듭을 묶는 요령으로 d의 아래쪽을 a, b, c의 고리에 통과시킨다. 그런 다음 c의 아래쪽을 d, a, b의 고리, b의 아래쪽을 c, d, a의 고리, a의 아래쪽을 b, c, d의 고리에 통과시킨다.

3 골고루 잡아당겨 꽉 조인다.

4 2번째 코를 만든다. a의 왼쪽 끈을 뒤쪽으로 살짝 접는다.

5 새로운 ❸ b, ❷ c, ❸ d를 1줄씩 반으로 접어서 [2]와 같은 방법으로 1코를 묶는다.

6 2번째 코를 묶은 모습.

통과시키는 끈(왼쪽 사진에서는 d)을 잡아당기면 통과시킬 부분의 고리를 쉽게 알 수 있다. d를 통과시킨 후 (가운데 사진) c를 잡아당기면 통과시킬 부분의 고리 3개가 나타난다.

같은 방법으로 새로운 ❸ b, ❷ c, ❸ d를 1줄씩 반으로 접어서 3번째 코를 묶는다.

❹ b, ❷ c, ❹ d를 1줄씩 사용해서 왼쪽에 4번째 코를 묶는다. 이때 b, d를 앞의 코 b의 길이(★)에 맞춰서 접는다.

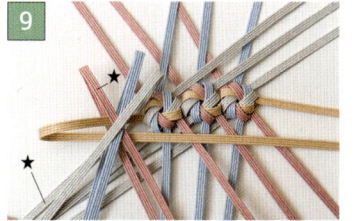

접은 ❹ b는 맞춘 길이(★)를 위로 하고 ❹ d는 아래로 해서 배치한다. ❷ c는 반으로 살짝 접어서 배치한다.

4번째 코를 묶은 모습.

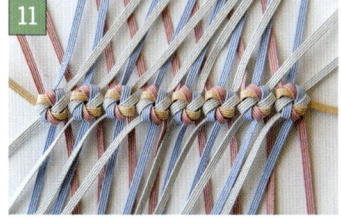

180도 회전시켜서 ❸ b, ❷ c, ❸ d를 더해가며 왼쪽으로 3코를 묶는다. 마지막 4코는 ❹ b, ❷ c, ❹ d를 1줄씩 사용해서 b, d의 끈을 정리하며 ([8]~[10]) 묶는다.

4줄 매듭의 위쪽에 2줄 매듭을 만든다. 첫단의 b 끈을 a끈으로 하고 d끈을 b끈으로 해서 묶는다.

4줄 매듭의 코 사이에 2줄 매듭 1코가 생긴 모습.

같은 방법으로 1단(7코)을 묶은 모습.

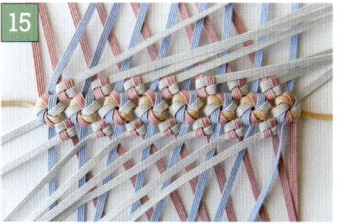

180도 회전시킨 후 다시 1단 [12]~[14]와 같은 방법으로 2줄 매듭을 만든다.

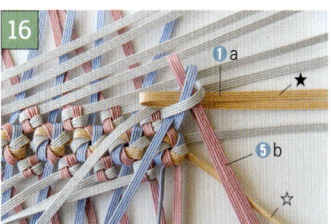

7코를 묶고 나면 그 위에 4줄 매듭을 만든다. ❶ a 1줄과 ❺ b 1줄을 더해서 1코를 묶는다. ❶ a의 위쪽(★)을 아랫단 a의 끈 끝(☆)과 길이를 맞춰서 접는다. ❺ b는 반으로 살짝 접는다.

4줄 매듭의 코 위에 1코를 묶은 모습.

계속해서 (줄을 더하지 않고) 왼쪽으로 6코를 묶는다. 아랫단의 2줄 매듭에서 b, d, 4줄 매듭에서 c를 가져와 묶는다.

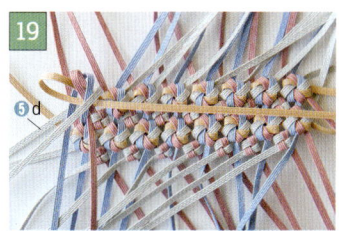

8번째 코를 묶을 때는 ❺ d 1줄을 더한다. ❺ d는 반으로 살짝 접는다.

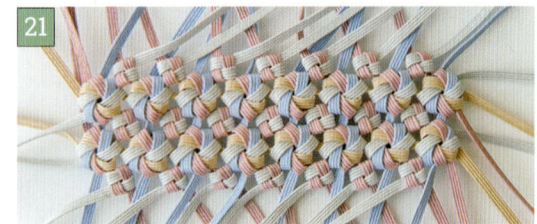

4줄 매듭으로 1단(8코)을 묶은 모습.

[12]~[14]와 같은 모습으로 4줄 매듭의 위쪽에 2줄 매듭을 만든다.

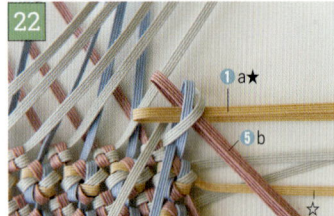

180도 회전시켜서 [16]과 같은 방법으로 ❶ a, ❺ b를 1줄씩 더해서 4줄 매듭 8코를 묶는다.

4줄 매듭의 코 위쪽에 1코를 묶은 모습.

8번째 코를 묶을 때는 [19]와 같은 방법으로 ❺ d 1줄을 더한다.

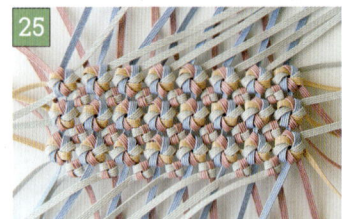

4줄 매듭으로 1단(8코)을 묶은 모습.

[12]~[14]와 같은 방법으로 4줄 매듭의 위쪽에 2줄 매듭을 만든다.

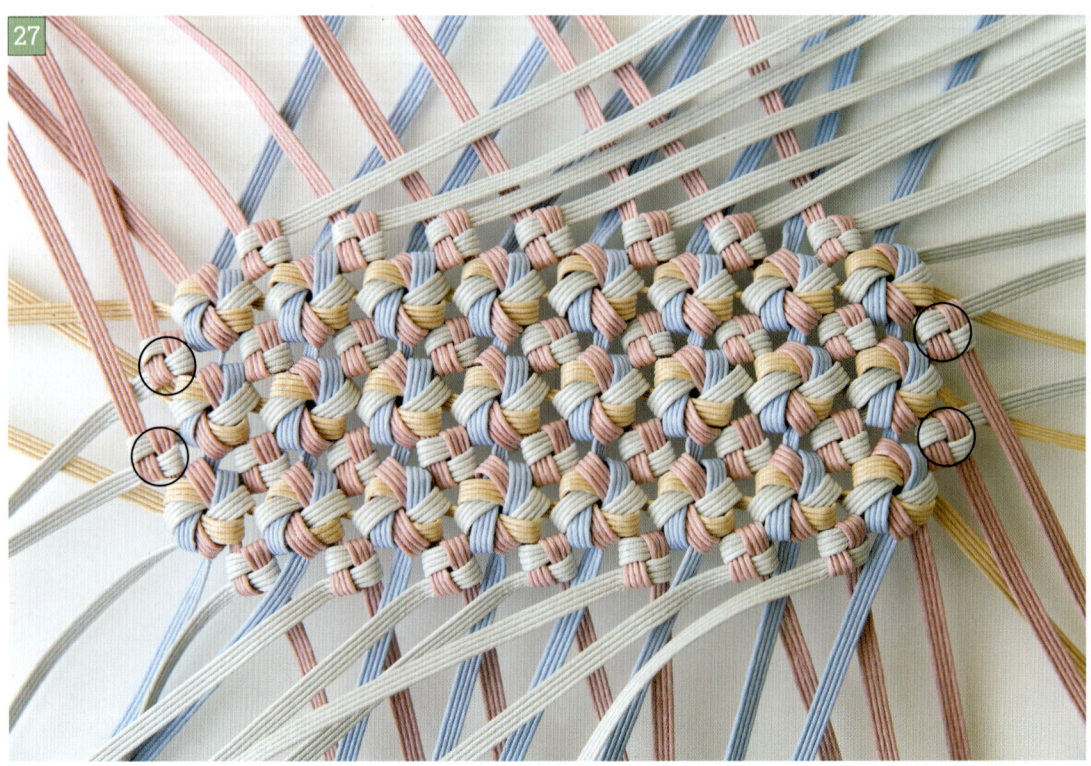

양옆의 4줄 매듭 사이에 2줄 매듭을 2코씩 묶는다.

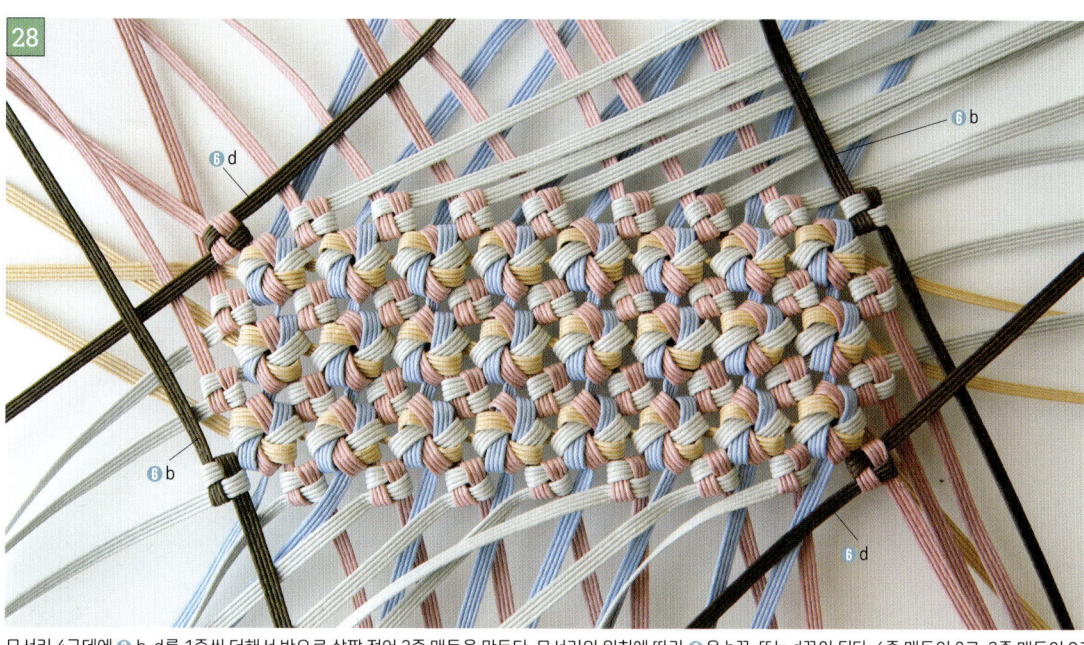

모서리 4군데에 ❻ b, d를 1줄씩 더해서 반으로 살짝 접어 2줄 매듭을 만든다. 모서리의 위치에 따라 ❻은 b끈, 또는 d끈이 된다. 4줄 매듭이 8코, 2줄 매듭이 9코인 바닥이 완성된 모습.

몸판을 만든다

❼ 몸판 끈 a로 몸판(긴 변)의 중심부터 뜬다. a의 위쪽 끈이 4코 분량의 길이(끝처리 분량)가 되는 위치에서 접는다.

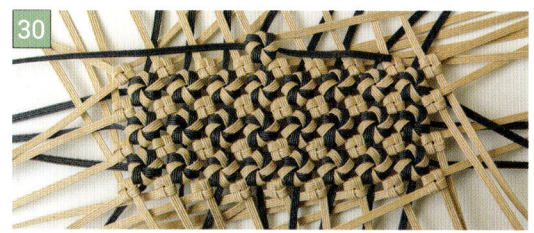

바닥 쪽의 끈 끝, b, c, d와 ❼ a로 4줄 매듭을 만든다.

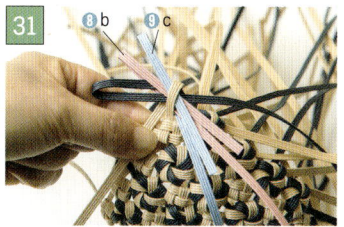

모서리 전까지 묶고 나면 지지용 끈 ❽ b와 ❾ c를 더해서 1코를 묶는다. ❽ b와 ❾ c의 위쪽을 끝처리 분량 8cm 길이에서 접는다.

매듭을 묶은 모습.

다음 모서리는 지지용 끈 ❾ c와 ❽ d를 더해서 1코를 묶는다.

매듭을 묶은 모습. 다음 모서리는 ❽ b와 ❾ c, 다음은 ❾ c와 ❽ d와 대각 위에서 같은 방법으로 지지용 끈을 더해 묶는다.

마지막 3코는 시작 부분의 끈 끝(끝처리 분량)을 감싸서 묶는다.

4줄 매듭을 만들고 끈 끝을 감싸서 묶은 모습. 같은 방법으로 나머지 2코를 묶는다.

첫단의 마지막 코를 묶을 때는 a를 다음 코(시작코)에도 통과시켜서 안코에 끼워서 겉쪽으로 빼낸다. 다음 코에 통과시킨 후에 여분을 잘라낸다.

지지용 끈을 처리한다. 안쪽에 넣어서 안코에 끼워 넣는다.

b끈과 d끈으로 2줄 매듭 1단을 묶는다.

❼ 몸판 끈 a로 4줄 매듭을 만든다. 모서리를 묶을 때는 지지용 끈의 끝을 감싸서 묶는다.

끈 끝을 감싸서 묶은 모습.

4줄 매듭, 2줄 매듭을 번갈아가며 4단씩 묶은 모습.

손잡이 위치

c끈을 안쪽으로 접어서 안코에 3코만큼 통과시켜 여분을 잘라낸다.

2줄 매듭 3단을 묶는다.

테두리를 처리한다

세로 끈을 테두리 장식무늬뜨기 B로 처리한다 (p.49). a 방향의 끈을 앞쪽으로 빼고 b 방향의 끈을 오른쪽으로 1줄을 건너뛰어 겉쪽에서 안쪽으로 끼워 넣는다.

a 방향의 끈을 왼쪽으로 1줄을 건너뛰어서 안쪽으로 끼워 넣는다.

끈 끝을 안코에 3코만큼 되접어 꺾어가며 통과시킨다(p.50 [27]~[32]).

Lesson 3

여분을 잘라낸다.

손잡이를 단다

⑩손잡이 안쪽 끈 1줄과 ⑪손잡이 겉쪽 끈 1줄로 손잡이 다는 위치([44])에 4겹 손잡이를 달고 (p.26) ⑫손잡이 감기용 끈으로 감는다.

---

22 8겹 매듭 가방 · L사이즈
Size W29cm×H21cm×D9cm Photo p.95

재료
에코크래프트 스탠더드 [30m롤]
… 초코 2롤
에코크래프트 스탠더드 [10m롤]
… 흑갈색 1롤
링이 달린 손잡이(35cm) … 1세트

도구
4쪽 참고

에코크래프트의 재단 폭과 줄 수
①세로 끈 a 4가닥 … 240cm×3줄
②세로 끈 c 4가닥 … 168cm×12줄
③세로 끈 bd 4가닥 … 294cm×20줄
④세로 끈 bd 4가닥 … 282cm×4줄
⑤세로 끈 bd 4가닥 … 270cm×4줄
⑥세로 끈 bd 4가닥 … 258cm×4줄
⑦몸판 끈 a 4가닥 … 296cm×7줄
⑧지지용 끈 bd 4가닥 … 129cm×4줄
⑨지지용 끈 c 4가닥 … 72cm×4줄
⑩손잡이 부착용 끈 흑갈색 / 2가닥 … 100cm×4줄
※ 지정한 색상 외에는 전부 초코

재단 도안

초코

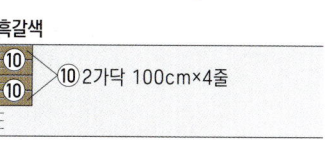

흑갈색
⑩ 2가닥 100cm×4줄
100cm

바닥을 만든다
기본 가방(p.98)과 같은 방법으로 만든다.

1
❶ a, ❸ b, ❷ c, ❸ d를 1줄씩 반으로 접어서 4줄 매듭을 묶는다.

2
❸ b, ❷ c, ❸ d를 1줄씩 더해가며 왼쪽으로 4코(2~5번째 코)를 묶는다.

3
6번째 코는 ❹ b, ❷ c, ❹ d를 1줄씩 사용해서 묶는다. b와 d는 끈을 조절해서(p.99 [8]~[10]) 묶는다.

4
180도 회전시켜서 ❸ b, ❷ c, ❸ d를 1줄씩 더해가며 4줄 매듭 5코를 묶는다. 6번째 코는 ❹ b, ❷ c, ❹ d를 1줄씩 사용해 끈을 조절해서 묶는다.

5
4줄 매듭의 위쪽에 2줄 매듭을 만든다. 11코를 묶고 나면 180도 회전시켜서 같은 방법으로 4줄 매듭의 위쪽에 2줄 매듭을 만든다.

6
❶ a와 ❺ b를 1줄씩 더해서 4줄 매듭 11코를 만들고, 12번째 코를 묶을 때는 ❺ d 1줄을 더한다 (p.99 [16]~[19]).

7
4줄 매듭의 위쪽에 2줄 매듭을 만든다.

9
양옆의 4줄 매듭 사이에 2줄 매듭을 2코씩 묶는다. 그런 다음 모서리 4군데에 ❻ b, d를 1줄씩 더해서 2줄 매듭을 만든다. 모서리의 위치에 따라 ❻은 b끈 또는 d끈이 된다. 4줄 매듭 12코, 2줄 매듭 13코의 바닥이 완성된 모습.

8
180도 회전시켜서 [6]과 같은 방법으로 ❶ a, ❺ b를 1줄씩 더해서 4줄 매듭 12코를 만든다. 12번째 코를 묶을 때는 ❺ d 1줄을 더한다. 4줄 매듭의 위쪽에 2줄 매듭을 만든다.

몸판을 만든다

10
❼몸판 끈 a로 몸판 1단을 만든다. a의 위쪽 끈이 4코 분량의 길이(끝처리 분량)가 되는 위치에서 접고 바닥 쪽의 끈 끝, b, c, d와 ❼ a로 4줄 매듭을 묶는다.

11
모서리는 지지용 끈인 ❽ b와 ❾ c를 더해서 1코를 묶는다.

12
매듭을 묶은 모습. 모서리 4군데에서 각각 ❽❾ 지지용 끈 1줄씩 더한다. (p.101 [31]~[34]). ❼ a로 둘레를 묶는다(p.101 [35]~[37]).

4줄 매듭, 2줄 매듭을 번갈아가며 7단씩 묶는다. 다 묶고 나면 c끈을 처리한다.

c끈을 안쪽으로 접고 안코에 3코만큼 통과시켜서 여분을 잘라낸다.

2줄 매듭 5단을 묶어서 총 6단을 묶는다.

테두리를 처리한다

세로 끈을 테두리 장식무늬뜨기 B로 처리한다 (p.49).

손잡이를 단다

손잡이 위치(위에서 4번째 단, 중심 7코를 사이에 둔 위치)에 표시를 한다.

⑩ 손잡이 부착용 끈 1줄을 링과 본체에 끼우고 끝처리 분량 10cm를 빼서 교차시킨다. 끝처리 분량은 빨래집게로 고정해 놓는다.

블랭킷 스티치의 요령으로 손잡이의 링을 꿰맨다. 1코를 스티치한 모습.

링의 바깥쪽 곡선에 맞춰서 매듭의 틈에 2코씩 통과시켜가며 스티치한다. 링의 안쪽은 계속 똑같은 틈에 통과시킨다.

끈 끝은 안쪽으로 통과시켜서 묶고 여분을 잘라낸다.

다른 한쪽도 같은 방법으로 스티치한 모습.

23 8겹 매듭 그물 가방

Size W18.5cm×H14cm×D8cm

Photo p.96

재료
에코크래프트 스탠더드 [10m롤]
… 터키 블루 3롤
※ 에코크래프트 스탠더드 [30m롤] 1롤로 대체할 수 있다.

도구
4쪽 참고

에코크래프트의 재단 폭과 줄 수
① 세로 끈 a 4가닥 … 168㎝×3줄
② 세로 끈 c 4가닥 … 136㎝×7줄
③ 세로 끈 bd 4가닥 … 153㎝×10줄
④ 세로 끈 bd 4가닥 … 144㎝×4줄
⑤ 지지용 끈 bd 4가닥 … 135㎝×4줄
⑥ 몸판 끈 a 4가닥 … 184㎝×5줄
⑦ 지지용 끈 bd 4가닥 … 71㎝×4줄
⑧ 테두리 심용 끈 8가닥 … 58㎝×1줄
⑨ 테두리 겉쪽 끈 12가닥 … 58㎝×1줄
⑩ 테두리 안쪽 끈 12가닥 … 56㎝×1줄
⑪ 테두리 감기용 끈 2가닥 … 180㎝×1줄
⑫ 손잡이 안쪽 끈 8가닥 … 55㎝×2줄
⑬ 손잡이 겉쪽 끈 8가닥 … 56㎝×2줄
⑭ 손잡이 감기용 끈 2가닥 … 300㎝×2줄

재단 도안

□ =여분

터키 블루

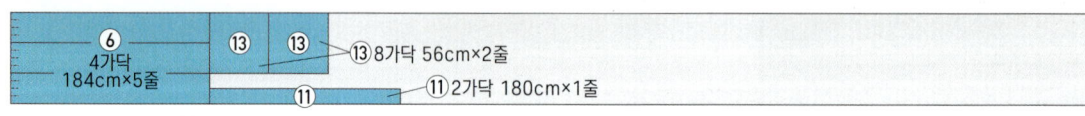

바닥을 만든다

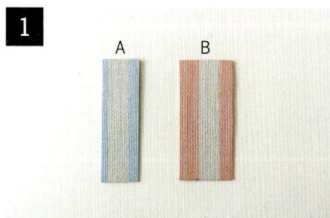

1 22가닥(2.8㎝)의 게이지 A(재료 외)와 32가닥(4㎝)의 게이지 B(재료 외)를 만든다.

2 세로 끈 ① a, ③ b, ② c, ③ d를 1줄씩 사용해서 4줄 매듭을 만든다.

3 게이지 A를 사용해 a끈을 중심코에서 2.8㎝ 정도 떨어진 위치에서 접는다.

4 ③ b, ② c, ③ d를 1줄씩 반으로 접고 간격을 벌려서 4줄 매듭을 만든다.

5 2번째 코를 묶은 모습.

6 ③ b, ② c, ③ d를 1줄씩 사용해서 같은 방법으로 3번째 코를 묶는다.

4번째 코는 ❹ b, ❷ c, ❹ d를 1줄씩 묶는다. b와 d는 끈을 조절해서(p.99 [8]~[10]) 묶는다.

4번째 코를 묶은 모습.

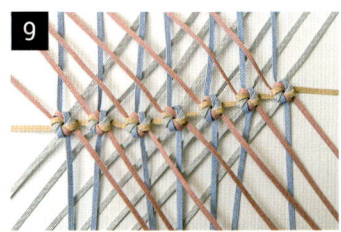

180도 회전시켜서 ❸ b, ❷ c, ❸ d를 1줄씩 더해가며 4줄 매듭 2코를 묶는다. 3번째 코는 ❹ b, ❷ c, ❹ d를 1줄씩 사용해 끈을 조절해서 묶는다.

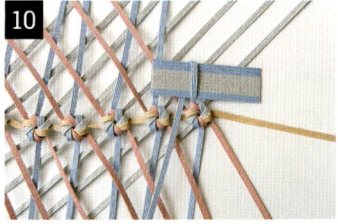

2번째 단을 묶는다. 먼저 c 방향의 끈을 게이지 A로 접는다.

d 방향의 끈을 게이지 B로 접는다.

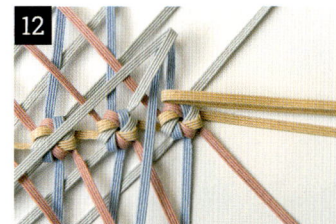

❶ a 1줄의 위쪽을 아랫단 a의 끈 끝에 맞춰서 접는다.

❺지지용 끈 b 1줄을 반으로 접어서 a~d의 끈으로 4줄 매듭을 묶는다.

❶ a, ❺ b를 더해서 2번째 단의 첫코를 묶은 모습.

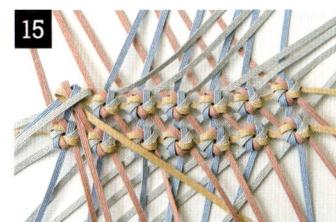

a와 c는 게이지 A, b와 d는 게이지 B로 접은 자국을 내고 간격을 벌려가며 5코를 계속 묶는다. 마지막 7번째 코는 ❺지지용 끈 d 1줄을 더해서 반으로 접어 묶는다.

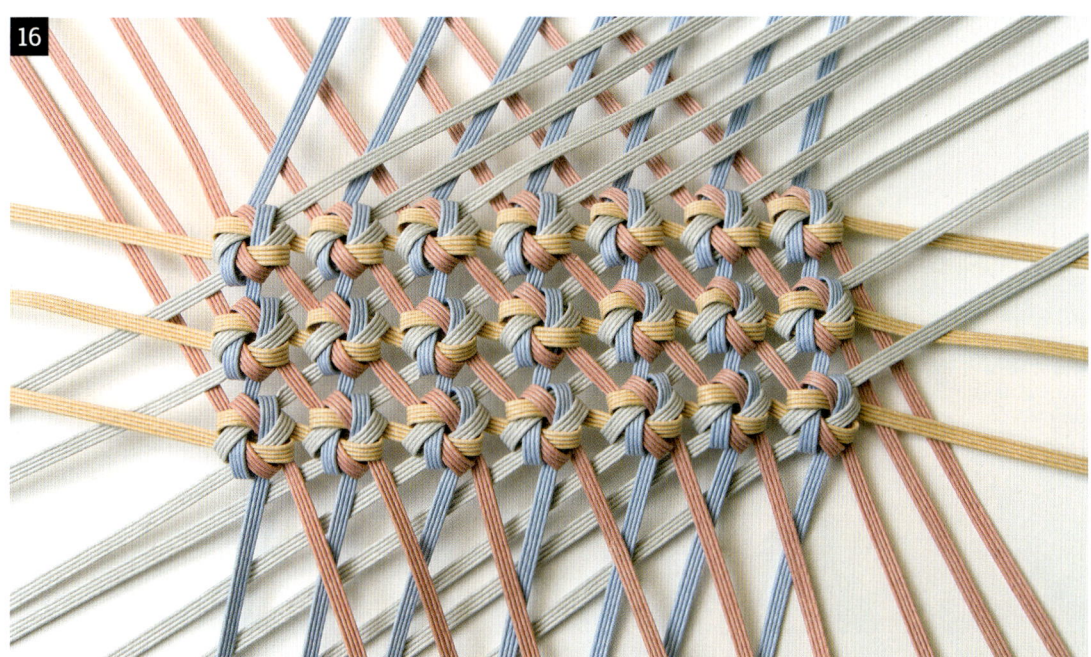

180도 회전시켜서 ❶ a로 1단을 묶는다. 시작 부분의 코에 ❺ b, 끝부분의 코에 ❺ d를 더한다. 7코×3코의 바닥이 완성되었다.

몸판을 만든다

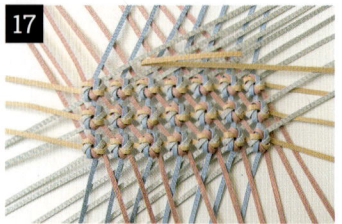

❻ 몸판 끈 a로 몸판(긴 변)의 중심에서 묶는다. a의 위쪽 끈이 4코 분량의 길이(끝처리 분량)가 되는 위치에서 접는다.

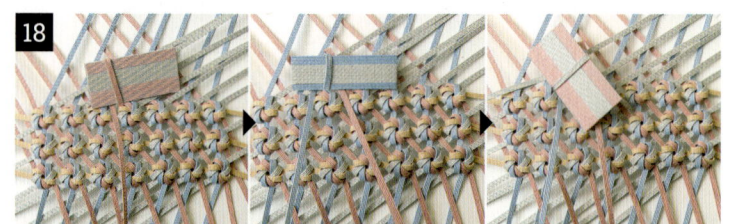

c는 게이지 A, b와 d는 게이지 B로 접은 자국을 낸다.

1코를 묶은 모습.

게이지를 사용해서 b, c, d 방향의 모든 세로 끈에 접은 자국을 내고 바닥을 묶을 때와 같은 방법으로 a끈에 접은 자국을 내며 계속 묶는다.

몸판을 계속 묶는다. 바닥에서 끈을 위로 올려 묶는다.

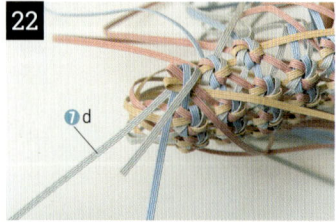

긴 변의 마지막 코를 묶을 때는 ❼지지용 끈 d 1줄을 더해서 위쪽의 끈을 8㎝(끝처리 분량) 길이로 접어 묶는다.

짧은 변 쪽을 묶는다. c끈은 바닥의 a끈, d끈은 왼쪽 옆의 b끈을 사용해서 묶는다.

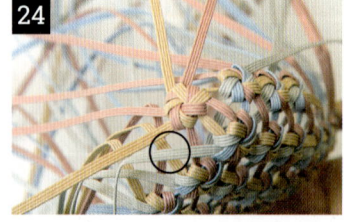

매듭을 묶은 모습. 다음은 ○의 3줄을 b, c, d끈으로 해서 묶는다.

같은 방법으로 계속 묶는다.

긴 변의 첫코는 ❼지지용 끈 b 1줄을 더해서 위쪽 끈을 8㎝(끝처리 분량) 길이로 접어 묶는다.

매듭을 묶은 모습. 다음 모서리는 ❼ d, 그 다음은 ❼ b를 더해가며 계속 묶는다.

Lesson 3

마지막 3코는 시작 부분의 끈 끝을 감싸서 묶는다.

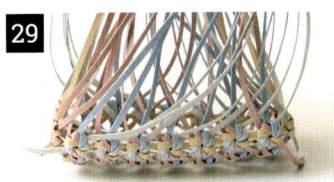

마지막 코를 묶고 나면 다음 코(시작 부분의 코)에 a끈을 통과시킨 후 처리한다.

❻ a 4줄로 4단을 묶어서 총 5단을 묶는다. 2번째 단을 묶을 때 모서리 지지용 끈의 끈 끝을 묶어서 감싼다(p.102 [40]~[41]).

테두리를 처리한다

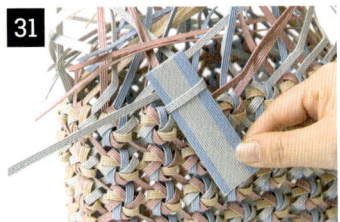

남은 b, d 방향의 끈을 게이지 A로 접는다.

❽테두리 심용 끈을 접은 자국에 맞춰서 둘레에 댄다.

c 방향의 끈은 매듭의 안코에 3코를 통과시켜서 처리한다. 접은 b, d의 끈은 ❽에서 삐져나오지 않는 위치에서 잘라 붙인다.

❾테두리 겉쪽 끈과 ❿테두리 안쪽 끈 사이에 ❽을 끼워 넣듯이 댄다.

⓫테두리 감기용 끈 1줄을 안쪽의 ❿에 붙인다.

⓫을 b, d 사이에 두 번 감아서 둘레를 감는다.

손잡이를 단다

⓫을 다 감은 부분은 시작 부분([35])에 겹쳐서 붙이고 여분을 잘라낸다.

⓬손잡이 안쪽 끈 1줄과 ⓭손잡이 겉쪽 끈 1줄을 사용해서 4겹 손잡이를 달고(p.26) ⓮손잡이 감기용 끈으로 감는다.

109

24 8겹 매듭 그물 가방 · 응용

Size W18.5cm×H14cm×D8cm

Photo p.97

재료
에코크래프트 스탠더드 [10m롤]
… 매화색 3롤, 흰색 1롤
※ 에코크래프트 스탠더드[30m롤] 1롤로 대체할 수 있다.

도구
4쪽 참고

에코크래프트의 재단 폭과 줄 수

①세로 끈 a 4가닥 … 168cm×3줄
②세로 끈 c 4가닥 … 136cm×7줄
③세로 끈 bd 4가닥 … 153cm×10줄
④세로끈 bd 4가닥 … 144cm×4줄
⑤지지용 끈 bd 4가닥 … 135cm×4줄
⑥몸판 끈 a 4가닥 … 184cm×5줄
⑦지지용 bd 4가닥 … 71cm×4줄
⑧테두리 심용 끈 8가닥 … 58cm×1줄
⑨테두리 겉쪽 끈 12가닥 … 58cm×1줄
⑩테두리 안쪽 끈 12가닥 … 56cm×1줄
⑪테두리 감기용 끈 2가닥 … 180cm×1줄
⑫손잡이 안쪽 끈 8가닥 … 55cm×2줄
⑬손잡이 겉쪽 끈 8가닥 … 56cm×2줄
⑭손잡이 감기용 끈 2가닥 … 300cm×2줄
⑮스티치 바닥 세로 끈 흰색 / 4가닥 … 50cm×6줄
⑯스티치 바닥 폭 옆면 끈 흰색 / 4가닥 … 60cm×2줄
⑰스티치 몸판 끈 흰색 / 4가닥 … 65cm×5줄
⑱스티치 몸판 모서리 끈 흰색 / 4가닥 … 25cm×4줄

※지정한 색상 외에는 전부 매화색

재단 도안

□ =여분

바닥 ~ 몸판을 만든다

1

8겹 매듭 그물 가방(p.106[1]~[30])을 참고해서 바닥~몸판을 만든다.

2

바닥의 세로 방향에 ⑮스티치 바닥 세로 끈을 통과시킨다. 바닥 중심과 끈 중심을 맞춰서 대각선 아래쪽, 8겹 매듭의 a끈 위쪽이 되게 통과시킨다.

3

⑮6줄을 통과시킨 모습. 통과시킨 끈은 잠시 그대로 둔다.

Lesson 3

옆선과 바닥이 만나는 옆면 부분에 ⑯스티치 바닥 폭 옆면 끈을 통과시킨다. 대각선 아래쪽, 8겹 매듭 a 방향의 끈 위쪽이 되게 통과시킨다. 통과시킨 끈은 잠시 그대로 둔다.

바닥과 첫단 사이의 둘레에 ⑰스티치 몸판 끈을 빙 둘러 통과시킨다. 시작은 옆선에서 끼워서 대각선 아래쪽, c끈의 위쪽이 되게 통과시킨다.

양끝의 끈을 눈에 띄지 않는 곳에서 겹쳐 붙인다.

⑰5줄을 통과시킨 모습.

모서리에 ⑯스티치 몸판 모서리 끈을 바닥 쪽의 ⑰로 되접어 꺾듯이 통과시킨다. 끈 끝에 접착제를 발라서 겹쳐 붙인 후 통과시킨다.

대각선 아래쪽, 8겹 매듭 a끈의 위쪽이 되게 통과시킨다. 통과시킨 끈은 잠시 그대로 둔다.

테두리를 처리한다

⑱4줄을 통과시킨 모습.

남은 b, d 방향의 끈을 게이지 A로 접어서 ⑧테두리 심용 끈에 댄다. c 방향의 끈은 매듭 안코에 3코만큼 끼워서 처리한다.

접은 b, d의 끈은 ⑧의 하단에서 삐져나오지 않는 위치에서 잘라 붙인다.

손잡이를 단다

잠시 쉬게 둔 ⑮⑯⑱도 ⑧의 상단에서 삐져나오지 않는 위치에서 잘라 붙인다.

⑨테두리 겉쪽 끈과 ⑩테두리 안쪽 끈 사이에 ⑧을 끼워 넣듯이 대서 ⑪테두리 감기용 끈 1줄로 감는다.

⑫손잡이 안쪽 끈 1줄과 ⑬손잡이 겉쪽 끈 1줄을 사용해서 4겹 손잡이를 달고(p.26) ⑭손잡이 감기용 끈으로 감는다.

저자

후루키 아케미 (古木明美)

푸루루 공방 주재. 일본 가나가와현 거주. 2001년부터 에코크래프트 강사, 작가 활동을 시작했습니다. 책이나 잡지, TV 등에서 널리 활동하며 해외에서의 워크숍도 진행합니다. 저서가 다양하며 최근 저서로는 《PP밴드로 만드는 귀여운 플라스틱 바구니와 가방》, 《가장 알기 쉬운 에코크래프트로 만드는 바구니 짜기 교과서》 등이 있습니다.

푸루루 공방 http://park14.wakwak.com/~p-k/
블로그 https://ameblo.jp/pururu-koubou/

만드는 방법 지도

사토 치카 (佐藤千夏)

일본 후쿠시마현 거주. 2002년부터 에코크래프트 강사 활동을 시작했습니다. 2003년부터 동호회를 개설해 월 1회 강습회와 연 2회 핸드메이드 이벤트를 주최하며 문화센터와 해외 워크숍 강의를 담당하고 있습니다.
'후루키 아케미식 쉬운 바구니짜기 레슨' 강사.

블로그 http://blog.livedoor.jp/genkichika/

나카모토 마사코 (中本雅子)

일본 오사카 거주. 2001년부터 작품 만들기를 시작해서 2003년부터 자택이나 문화센터 등에서 강사로 활동하며, 해외에서 워크숍 강사도 담당하고 있습니다. 후루키 아케미와 공동 저서로 《에코크래프트의 멋진 가방과 바구니, 소소한 잡화》가 있습니다.
'후루키 아케미식 쉬운 바구니 짜기 레슨' 강사.
에코크래프트 전시회 '나나이로 na 크래프트' 대표.

블로그 https://ameblo.jp/withlovesuke

역자

박재영

서경대학교 일어학과를 졸업했습니다. 어릴 때부터 출판, 번역 분야에 종사한 외할아버지 덕분에 자연스럽게 책을 접하며 동양권 언어에 관심을 가졌습니다. 번역을 통해 새로운 지식을 알아가는 것에 재미를 느껴 번역가의 길로 들어서게 되었습니다. 분야를 가리지 않는 강한 호기심으로 다양한 장르의 책을 번역, 소개하기 위해 힘쓰고 있습니다. 현재 번역 에이전시 엔터스코리아 출판 기획 및 일본어 전문 번역가로 활동하고 있습니다.
역서로는 《손바느질로 만드는 가죽 가방》, 《레진 공예의 교과서》, 《하루 완성 심플한 가죽 소품 만들기》, 《나무로 만드는 장난감》, 《매듭 교과서》, 《세계 동화 작은 자수》, 《꽃 모티브&에징 손뜨개 60》 외 다수가 있습니다.

초판 1쇄 인쇄 2023년 5월 10일
초판 1쇄 발행 2023년 5월 17일

저자 후루키 아케미
역자 박재영
펴낸곳 M&K
펴낸이 구모니카
마케팅 신진섭
등록 제7-292호 2005년 1월 13일
주소 경기도 고양시 일산서구 고양대로 255번
전화 02-323-4610
팩스 0303-3130-4610
E-mail sjs4948@hanmail.net
Tistory https://mnkids.tistory.com

ISBN 979-11-91527-55-1

KAMI-BAND DE MUSUNDE TSUKURU KAGOAMI LESSON by Akemi Furuki
Copyright © 2020 Akemi Furuki
Original Japanese edition published by KAWADE SHOBO SHINSHA Ltd. Publishers.

This Korean edition is published by arrangement with KAWADE SHOBO SHINSHA Ltd. Publishers, Tokyo in care of Tuttle-Mori Agency, Inc., Tokyo, through Orange Agency, Gyeonggi-do.

이 책의 한국어판 저작권은 오렌지 에이전시를 통해 일본의 KAWADE SHOBO SHINSHA Ltd. Publishers.와 독점 계약한 도서기획출판 MNK에 있습니다.

저작권법에 의해 한국 내에서 보호를 받는 저작물이므로 무단 전재 및 무단 복제를 금합니다.

※ 이 책에 수록된 작품 및 디자인의 무단 이용은 개인적으로 즐기는 경우를 제외하고 금지되어 있습니다. 이 책의 전체 내용 또는 일부(수록 작품의 사진이나 만드는 방법 도안 등)를 홈페이지에 올리거나 매장, 인터넷 쇼핑 등으로 배포, 판매하는 행위는 양해바랍니다.